FINANCIAL
TECHNOLOGY

金融科技

重塑金融生态新格局

陈建可　礼翔◎著

天津出版传媒集团

天津人民出版社

图书在版编目（CIP）数据

金融科技：重塑金融生态新格局 / 陈建可，礼翔著
. -- 天津：天津人民出版社，2019.1（2021.3 重印）
ISBN 978-7-201-12335-6

Ⅰ . ①金… Ⅱ . ①陈… ②礼… Ⅲ . ①金融－科学技
术－研究 Ⅳ . ① F830

中国版本图书馆 CIP 数据核字 (2018) 第 293204 号

金融科技：重塑金融生态新格局
JINRONG KEJI CHONGSU JINRONG SHENGTAI XINGEJU

陈建可　礼翔　著

出　　　版　天津人民出版社
出 版 人　刘　庆
地　　　址　天津市和平区西康路 35 号康岳大厦
邮政编码　300051
邮购电话　（022）23332469
电子信箱　reader@tjrmcbs.com

责任编辑　谢仁林
装帧设计　张合涛　石凯辉

制版印刷　环球东方（北京）印务有限公司
经　　　销　新华书店
开　　　本　710 毫米 ×1000 毫米　1/16
印　　　张　18
字　　　数　232 千字
版次印次　2019 年 1 月第 1 版　2021 年 3 月第 2 次印刷
定　　　价　68.00 元

金融科技（Fintech）近年来成为全球行业瞩目的热点，其初衷虽仅是通过技术创新降低金融业运营和服务成本，提高营销获客、风险定价及资金流转的效率。然而，伴随着移动互联网的普及，物联网技术的兴起，大数据和云计算的快速推广，以及人工智能和区块链技术的研发应用，信息技术和金融的融合不断打破现有金融边界，深刻改变着金融服务的运作方式。

Fintech 虽然是 Financial Technology 的简写，但其定义已与后者的原意出现本质的区别。Financial Technology 是花旗银行于 20 世纪 90 年代初提出来的概念，起初仅指信息技术在金融行业的运用。早在 2004 年之前，中国金融行业就已经引入了 Financial Technology 的概念，只不过那时金融科技仅作为传统金融机构 IT 系统的方式存在，是不受重视的后台基础设施。而随着互联网支付和互联网借贷的出现，金融科技从后台系统渗透到了金融业的核心业务领域。这个时候，真正意义的 Fintech 才得以产生。就像 AI（人工智能），早在 1956 年美国的达特茅斯会议上就提出了这一概念，但它真正迎来爆发却是在 60 年之后。今天，我们定义的 Fintech，已经不是以前把金融作为定语的 Financial Technology，而是以金融为本质，由科技驱动的，金融和新科技的结合体。因此，Fintech 与 Financial Technology 的区别在于，Fintech 是金融和信息技术融合的新业态。

金融科技是科技驱动的金融新业态。事实上，金融科技从 Financial Technology 到 Fintech 的进化，正是新一代信息技术出现突破式发展的产物。1965 年，摩尔提出微电子技术的发展，将使集成电路可容纳元器件数量及芯片性能每 18-24 个月会增长一倍，即著名的"摩尔定律"（Moore's Law）。摩尔定律推动人类技术进步从线性增长跃升为指数级增长，大大提升了社会和经济发展的进程。然而近年来，随着大数据、云计算、人工智能等新兴技术的突破性发展，人类技术进步的轨迹正在超越传统的指数级增长的藩篱，进入类似奇点跳跃的"阿克曼增长"。2018 年 5 月 16 日，OpenAI 面向全球发布了名为《AI 与计算》的研究报告。该报告指出，2012 年以来，AI 训练任务所运用的算力每 3.43 个月就会翻一倍，共增长了超过 30 万倍，而如果是按摩尔定律的发展速度，只应有 12 倍的增长。也就是说，现在人类社会技术发展正以远远超越一般人理性想象的速度改变着我们这个社会，也改变着这个社会的金融。

当前，移动互联（包括物联网、5G）、大数据、人工智能、分布式技术（云计算、区块链）、信息安全（密码技术、生物识别、量子技术）等新兴技术，正在通过移动支付、数字普惠金融服务、大数据征信和风控、量化投资和智能投顾、金融云服务、区块链存证等金融科技应用，改变金融的组织方式、业务模式、效率、规则和体验，也决定着新经济、新金融的演进方向。因此，从这个意义上说，金融科技就是未来的金融。

正是因为未来金融的金融科技属性，本书的价值将体现在带领读者"看见未来"。也由于作者是技术出身的"理工男"，本书的视角和结构遵循着其习惯的技术路线：人工智能金融、区块链金融、大数据金融、云计算金融……当然，本书关注的金融科技投资问题，也是当前社会热点之一，而对传统金融如何破局金融科技的讨论，则正是下一步金融科技应用的"蓝海"。

正如，作者对本书的定位是金融科技的通识书，金融科技本身在世界范围内仍处于"呱呱坠地、牙牙学语"阶段，需要社会公众更多的认知和共识。一切正刚刚好，一切才刚刚开始……

汪炜（浙江大学教授，浙江省金融科技协会名誉会长，浙江省金融研究院院长）

2018 年 12 月 1 日

金融科技创新将助力金融发展和金融普惠

当今时代是一个科技创新的时代，科技正在显著地改变着金融业的基本要素。移动通信技术快速发展，降低了交易成本；大数据技术的发展，解决了信息不对称；大数据、云计算技术还推动了征信系统的创新，征信方式正在从单维征信维度向多维全社会征信维度转变。人工智能技术的突破，智能金融服务得到大力发展；区块链技术的发展，将有可能改变金融的交易方式；金融科技正在重塑金融生态新格局。很高兴能看到陈建可先生的这本书出版。该书从金融科技的概念到金融科技发展的各个方面对金融的影响进行了研究，既有理论又兼顾了实践落地，以通俗易懂的语言，全方位梳理了金融科技的知识图谱，系统介绍了金融科技的过去、现在和未来，同时对传统金融的影响也提出了独到的见解和可行的破局建议。

陈建可先生作为浙江金融科技协会执行会长、企业老总，能静下心来研究和梳理金融科技的脉络，来探讨金融科技重塑金融生态的新格局，实为难能可贵。其从一个企业家的角度思考金融科技，思考对金融科技企业的投资风口，也从行业发展角度思考了金融科技的未来趋势，它带给我们思考，带给我们机会。

希望本书的出版能引起金融以及相关业界的反响和思考，引起传统金融机构人员的觉醒和重视，使我国能在金融科技方面能够加快创新和投入，建立起金融生态的新格局，促进我国金融业的大发展，以此更好地做好普惠金融，更好地服务实体经济，早日实现中国梦。

潘长风（厦门大学经济学博士，复旦大学经济学院风险投资研究中心访问学者，闽江学院新华都商学院金融系教授，海西财政与金融发展研究中心主任，福建证券经济研究会常务理事，福建金融学会理事）

推荐序 3

我们正处于一个变革的时代，技术革新和数字化经济的全面兴起，让金融科技由最初的工具角色转变成驱动金融变革的中坚力量，并成为现代金融业的核心竞争力。

《金融科技：重塑金融生态新格局》一书站在金融科技的前沿，阐释了行业多元发展趋势和战略意义，论述了金融科技革命所孕育的创新变革时代大潮下全新的挑战与机遇，整合了市场动态、行业趋势、最新行业格局，让我们看到了最具发展潜力和颠覆性影响的技术与传统的金融业结合时所产生的惊人改变。那就是多元化运营与人工智能、区块链、云计算和大数据等新一代的金融基础设施的深度融合，金融科技正在塑造新金融服务模式和商业基础要素，最终重新定义金融生态，推动全方位金融体系创新转型的变革，继而推进普惠金融并赋能于实体经济的发展。

书中引用了国内外第一手资料和真实案例分析，论述了投资者和创业者如何在不断变化的未来新金融业态环境中抓住这场巨大的投资机遇，发掘下一个金融科技独角兽。此外，本书还对资产通证经济、加密货币前景、数字开放银行等重构金融模式的当下风口展开了深入探讨。放眼国际，多国已经开始逐鹿金融科技领域。澳大利亚拥有先进、稳健和规范的金融市场和蓬勃发展的多元化金融科技生态。在小微企业的股权众筹平台、监管科技、智能投顾、沙盒监管和开放银行等领域的开拓创新，澳洲在全球范围内掀起新一轮的金融科技浪潮。

本书引用了多个澳大利亚在全球范围内领先的金融科技落地的案例，包括制定领导区块链国际标准和开放的数字货币产业政策，中澳政府监管机构金融科技信息共享合作。期待未来澳中两国从政府、学术和行业应用层面展开全方位的产学研交流，积极推动中澳金融科技领域合作，以此来促进双边贸易投资，深化双边金融服务领域合作共赢。在此感谢本书作者之一，浙江省金融科技协会执行会长陈建可先生和协会，对澳中金融科技一系列合作项目的大力支持。

通过建立全新的思考框架和多样的知识体系，本书两位作者的真知灼见给读者带来了很多有价值的思考和启示，有助于帮助我们了解 Fintech 的本质与内涵——它是以技术驱动的金融创新，促进新的机制和体系构建，推动跨区域间的包容性增长。

宫奇 AdamGong ——澳大利亚联邦政府驻华商务官员（金融服务业）

FOREWORD

前 言

21世纪日新月异的创新科技，给人们的生活带来了翻天覆地的变化。传统的金融行业，也不可避免地被创新科技挟裹其中，当前一个以金融科技为主要代表的新时代已经悄然到来。

互联网时代催生了一批新的金融概念，区块链、人工智能、大数据等创新科技的快速发展，将重塑整个金融生态的新格局，也让人们的消费习惯逐步从线下转移到了线上。

在金融科技时代，人们所有的行为都开始以金融的方式进行呈现，金融将真正成为人们生活中不可或缺的重要组成部分。在这场轰轰烈烈的金融科技革命中，传统金融从业者、金融科技公司的创业者以及普通的金融客户，都会受到金融科技浪潮的冲击。金融科技就在我们身边，每个人都触手可及。在本书中，既充满了行业洞见，又列举了丰富的案例实践，深入浅出地对金融科技进行了客观深入的探究和分析。阐述了金融科技发展的历史，以及以人工智能、区块链、大数据、云计算为技术基础的新金融发展状况和趋势；同时，还论述了金融科技给人们带来的快捷便利，以及大量创业的机会。在当前金融科技的风口浪尖，投资者和创业者如何能更好地把握机会和获取收益，面对新科技的汹涌来袭，传统银行业应该如何破局，以及金融科技的未来发展趋势如何，作者都给予了精辟的分析和建设性的指引。

对于传统金融从业者来说，通过本书，可以充分了解当前的从业环境，哪些金融交易可能被创新科技代替，哪些岗位可能会受到创新科技的冲击，哪些工作创新科技无法取代，以及从业者如何才能在金融科技的浪潮中不被淘汰等等，对未来的从业规划将大有裨益。

金融科技是无国界的，通过本书，金融科技浪潮中的投资者和创业者，既能了解海外金融科技的发展环境及状况，还能了解我国金融科技在全球的地位和发展策略，以及行业巨头在金融科技领域的发展布局。只有对金融科技发展的大环境有了充分的了解，才能更好地结合自身状况进行投资和创业。金融创新的目的，是服务于实体经济和改善民生。创新技术是现代金融的基石，但是金融成功的终局是能够服务于当前的实体经济发展。

从这个维度来衡量，当金融科技还在强调技术优势的时候，中国的新金融已经以新科技为支点扎根于现实应用中，让数亿用户和数百万小微企业享受到金融的服务，从而实现了反哺经济的作用。所以，对于普通的金融用户以及小微企业创业者来说，更应该阅读本书，毕竟只有熟悉和了解金融科技，才能更好地享受惠普金融。

科技改变金融的未来，这是毋庸置疑的。面对未来，这本书将带领我们开启一个"预见未来"的故事。

CONTENTS

目 录

第七章　金融科技成为创业新风口

第八章　传统银行该如何破局

第九章　过去未去，未来已来

第一章

金融科技的前世今生

第一节　什么是金融科技

　　金融和我们的生活密切相关，随着科学技术的发展，金融与生活的融合更是达到了前所未有的程度。

　　互联网时代催生了一些新的金融概念，让人们的消费习惯逐步从线下转移到了线上。在未来，更多的技术将进一步影响金融行业的发展，一个以金融科技为主要代表的时代终将来临。

　　在金融科技时代，人们所有的行为都开始以金融的方式进行呈现，金融将真正成为生活中不可缺少的重要组成部分。

一、金融科技的定义

提到金融科技，很多人会觉得这是个"高大上"的概念，就像挂在天边的月亮，可望而不可即。其实不是这样的，金融科技就在我们身边，每个人都触手可及。顾名思义，金融科技（Fintech），就是金融（Financial）与科技（Technology）的结合。随着大数据、云计算、人工智能等新一代信息技术的发展和应用，金融和科技发展正在快速地融合，给我们的生活带来了翻天覆地的变化。

全球金融稳定委员会这样界定金融科技：金融与科技相互融合，创造新的业务模式、新的应用、新的流程和新的产品，从而对金融市场、金融机构、金融服务的提供方式形成非常大的影响。

百度百科对金融科技的定义，更偏向于科技领域：金融科技属于产业金融的范畴，主要是指科技产业与金融产业的融合。经济的发展依靠科技推动，而科技产业的发展需要金融的强力助推。由于高科技企业通常是高风险的产业，同时融资需求比较大，因此，科技产业与金融产业的融合更多的是科技企业寻求融资的过程。

维基百科这样定义金融科技：它是由一些通过科技让金融服务更高效的企业，构成的一个经济产业。金融科技公司通常是那些尝试绕过现存金融体系，而直接触达用户的初创企业，它们挑战那些较少依赖于软件的传统机构。

高盛全球金融机构投行副主席 John Mahoney 说：金融科技公司需要以技术为基础，并且专注于金融产品与服务价值链上一部分或大部分，主要包括支付、科技支持型借贷、保险科技、市场结构、资产管理科技和资金筹集。

蚂蚁金服总裁井贤栋认为："Fintech 并非简单地在'互联网上做金融'，而是基于移动互联网、云计算和大数据等技术，实现金融服务和产品的发展创新和效率提升。"

毕马威对 Fintech 的理解是：企业凭借科技切入金融领域，提升金融服务效率及更好地管理风险。其实，无论金融领域还是科技领域，都无法对金融科技下一个清晰的定义。随着更多创新形态的出现，金融科技的定义将会变得更加丰富。

二、金融业历经的技术创新

在金融业的发展过程中，已经经历过多次技术创新。

1. 出现自动柜员机

20世纪60年代，通信技术和自动化技术的创新，催生了银行自动柜员机的出现，形成了新的银行服务渠道。不过，自动柜员机只是补充了银行柜面支付业，并没有替代银行物理网点的主体地位。

2. 电视可视图文技术昙花一现

20世纪70年代，电视可视图文技术问题，用户通过家用电视机就可以远程使用银行服务，当时很多人曾认为，电视可视图技术将对传统银行产生冲击。然而，因为客户使用习惯及信任等问题，该项技术因为市场接受程度低而被弃用，几乎没有对银行业产生影响。

3. 网上银行的稳步发展

20世纪90年代，随着互联网技术的发展，网上银行应运而生。因为客户安全顾虑和操作习惯等因素的影响，网上银行发展比较缓慢，对银行运营管理的影响远远低于市场预期。直到互联网用户群体普遍成熟后，网上银行才得到了较快的发展。网上银行的优势主要体现在基础服务方面，并不能完全替代银行物理渠道。

在这次金融科技发展之前，新技术的应用在一定阶段对传统银行体系产生影响，但是并没有从根本上改变银行业的服务模式，也没有对金融体系产生比较大的冲击。

这次金融科技是否会从根本上改变金融业现有的运营模式还有待观察，但是和历史相比，此次金融科技呈现出很多新特性：技术创新和更迭速度显著加快，缩短了技术转化为金融产品的周期；互联网人群持续增加，消费者接受新技术的意愿增强，金融新产品向普通公众的渗透扩散速度增快；金融科技增加了机构之间的关联性，一些影响金融稳定的科技企业没有纳入现有监管体系，进一步增加了金融业的风险性。

三、金融科技的分类

2016 年以来，国内外著名金融机构和计算机软硬件提供商，都为金融科技行业投入了巨额资金。资本的支持，使金融科技得到了快速发展，金融科技行业细分也不断丰富：

1. 新型的支付手段

随着信息技术的发展，新型支付手段替代了越来越多的传统支付业务。短信支付、扫码支付、生物识别技术支付等等，这些新型的支付手段带来了更好的用户体验，同时也提高了交易过程的安全性。

2. 区块链技术

目前区块链技术虽然还处于探索应用阶段，但是它对金融领域的基础设施和体系结构发生了巨大的影响，因而广受关注。已经有银行运用区块链技术进行贸易结算，用数字加密技术传递传统的纸质版的提单，有效地提高了结算效率和安全性。

3. 多样化的融资方式

电子商务、大数据技术等的发展，逐渐改变了传统的融资方式。传统的融资方式成本高、资金渠道单一，使得很多小企业融资十分困难。借助电商大数据，消费金融获得大量增长，电商平台的分期付款等业务，弥补了传统金融的不足。

4.智能金融理财服务

金融业应用大数据、云计算和人工智能技术，为客户提供投资顾问、咨询等服务。和传统的投资顾问相比，智能投顾更加精确高效，而且成本也更加低廉。智能投顾在海外发展迅速，国内的企业也纷纷试水，发展潜力巨大。

5.大数据风控和征信

所谓大数据风控，就是通过大数据构建模型的方法，对借款人进行风险控制和提示。和传统经验式风控不同，大数据风控是通过采集大量借款方的各项指标进行数据建模，进行更为科学有效的风险控制。大数据征信比传统征信行业更多样化，大数据征信主要来源于企业庞大的消费者数据，可以多维度建立起个人的信用画像，从而更全面地反映个人信用状况。

通过大数据、云计算以及人工智能等科技的运用，金融机构之间、金融机构与金融科技公司之间的壁垒将被打破，在未来，金融业发展的主流，将是合作、共享和联合运营。

Fintech 的持续发展，信息科技将深度影响金融业，只有那些真正以技术驱动的创新以及能够影响人们生活的产品，才能带领企业取得持久的发展。

四、著名的金融科技公司

2015 年 12 月，澳大利亚金融科技风投机构 H2 Ventures 和毕马威联合发布《全球金融科技 100 强》，中国众安保险、趣分期、陆金所、闪银奇异等六家公司上榜。我们熟知的大型互联网金融集团蚂蚁金服、京东金融、苏宁金服等并未上榜，不过这并不影响我们对金融科技企业的认识。

我们可以通过这些国际著名的金融科技公司的运营模式，来分析了解金融科技核心竞争力是什么，以及金融科技可能对传统金融巨头带来哪些影响。

众安保险是中国企业，成立于 2013 年 10 月，经营领域为互联网保险，估值 500 亿元人民币，前五大股东分别为蚂蚁金服、腾讯、平安保险、优孚控股和加德信投资。

Wealthfront 是美国企业，成立于 2008 年 12 月，是一家专业的在线财富管理公司，估值超过 30 亿美元。Wealthfront 是一个智能投顾平台，借助计算机模型和技术，为客户量身定制包括股票配置、债权配置、房产投资等在内的资产投资组合建议，利用互联网技术，把成熟市场的机构投资模式直接提供给个人投资者。

趣分期是中国企业，成立于 2014 年 3 月，消费分期领域。趣分期创业之初为大学生电子产品消费提供分期服务，通过价格战和庞大的地推团队迅速站稳脚跟，并实现业务多元化，于 2017 年 10 月 18 日在美国纽交所上市。

Funding Circle 是英国最大的 P2P 平台，成立于 2010 年，定位于小型企业贷款业务，估值超过 10 亿美元。Funding Circle 成立之初，正值欧洲金融危机，正规金融机构对中小企业的申贷拒绝率显著提高，为 Funding Circle 的发展提供了良好的基础。

Kreditech 是德国企业，成立于 2012 年 3 月，主要为在正规金融机构得不到授信的次级借贷者提供服务。Kreditech 通过大数据对申请人进行信用评分，一旦评估通过，15 分钟内即可完成放款。目前，Kreditech 正在积极输出其大数据服务，致力于为线上企业建立国际性、自我更新的数据库，帮助这些企业更好地进行精准营销和客户服务。

Avant 是美国企业，创立于 2012 年，在线借贷领域，估值超过 20 亿美元。Avant 主要为介于信用优级和次级之间的借款人提供服务，通过大数据和机器学习创建更加精确的消费者信用资料。Avant 放贷资金源于平台自身而非投资人，因此并非严格意义上的 P2P 企业。

Atom 是英国企业，创立于 2014 年 5 月，只能通过手机端访问的线上银行，已获得英国银行牌照。Atom 致力于挑战传统银行，经营模式尚处于保密阶段，据悉"手机应用中将加入生物计量，3D 影像和游戏技术等特色，并支持个性化定制"。

经过分析了解这些著名的金融科技企业，我们发现这些企业提供的服务都很简单且容易理解，并不像 Fintech 这个词看上去那么神秘。金融科技只是利用大数据和科技的手段，使金融服务更加便利化和智能化。

我们可以说，一切以科技和数据为核心驱动力，能够有效降低交易成本、提高金融业服务效率的企业均属于金融科技的范畴。从这个意义上，新兴的互联网金融企业以及传统的金融企业都属于金融科技企业，只是相对而言，传统金融企业体量大，难以在细分领域上做到极致。在未来，传统巨头与新兴金融科技企业的合作共存可能成为常态。

第二节 正在崛起的中国金融科技

对于当前的金融界来说，金融科技无疑是个备受关注的话题。目前，我国金融科技虽然处于发展初期，但是我国的金融市场给予了金融科技快速发展的土壤。

2016 年以来，我国互联网金融逐渐从用户流量驱动转型为金融科技驱动。2017 年，我国金融科技企业的营收总规模为 6541.4 亿元，艾瑞预计 2020 年金融科技企业的营收总规模将达到 19704.9 亿元。

一、金融科技的发展阶段

从海外金融市场的演进来看，金融科技对于金融市场的重塑历程，可以被划分为三个阶段：

1.金融科技 1.0 时代

在这个阶段，金融行业与科技行业作为并驾齐驱的行业存在，双方还没有真正融合。金融行业为了提高业务效率，应用科技行业的软硬件来实现办公和业务的电子化、自动化，这时候科技公司并没有直接参与金融行业的业务环节。

2.金融科技 2.0 时代

这个阶段可以界定为互联网金融阶段，金融业搭建在线业务平台，利用互联网或者移动终端的渠道来汇集海量的用户和信息，实现各项业务之间的互联互通，实现信息共享和业务融合。

3.金融科技 3.0 阶段

在这个阶段，金融业通过大数据、云计算、人工智能、区块链这些新技术，大大提升传统金融的效率，解决传统金融的痛点。

金融科技 2.0 时代和金融科技 3.0 时代，金融创新的重点方向并没有本质区别。不过，这两个阶段的创新主导主体有所不同。金融科技 2.0 时代，是金融主导而不是科技主导，科技为金融实现金融价值服务。在金融科技 3.0 时代，越来越多的科技参与者涌入新兴的金融领域，这给金融市场的监管带来了挑战。

二、金融科技的重要领域

目前市场对金融科技期望非常高的领域，首当其冲就是人工智能。人工智能受到市场青睐的原因，主要体现在以下几个方面：

首先，人工智能能快速吸收信息，把信息转化为知识。比如，分析一个公司上市前的各个融资阶段、放贷对象、产业业态和竞争格局时，利用人工智能技能，会大面积替代一些传统的中低端分析活动；其次，人工智能在领域建模和大数据分析的基础上，尝试对未来进行预测，利用人工智能可以减少跨越时间的价值交换带来的风险；此外，人工智能具有在确定规则下优化博弈的策略，可以通过学习历史数据，采用左右互补来增强策略，实现共同协作。而且，在决策过程中，人工智能不会出现人类面对利益时的情绪波动。

当前备受追捧的智能投顾，就是指机器人通过资产组合理论相关的算法来搭建数据模型和后台算法，为投资者提供智能化的资产配置建议。在美国，智能投顾得到快速发展，是因为每个美国人都需要对自己的养老金账户做出决策，决策时需要专业的投资顾问，正是个人对养老金账户投资决策需求，推动了智能投顾的发展。在中国市场，智能投顾需要寻找新的发展模式。相比于机器人下围棋，智能投顾要复杂得多。这是因为，下围棋是两个人的博弈，而且有清晰的规则；而在智能投顾方面，金融投资的参与者众多，而且许多行为规则还处在变动中，涉及的信息量庞杂，除了市场上已经披露的信息，还有很多需要挖掘、没有被编码的信息，此外还有参与者的情绪波动等等。

除了人工智能，金融科技领域广受关注的还有区块链技术。从当前发展的趋势看，区块链技术可能会重构金融业底层的架构。利用区块链技术，可以提高系统的可追责性，降低系统的信任风险，而且具有灵活的架构；区块链技术还可以降低金融机构的运作成本，实现共享金融的效果。区块链技术具体应用领域，包括点对点的交易，也可以应用于记录客户资料和交易记录等各种信息，应用于土地所有权的验证和转移以及智能合同管理等。区块链技术在很多领域都有巨大的应用空间，比如征信方面，利用数字和技术做信用背书，不需要权威的中介机构就能够自动完成，资料能够永久地保存，而且相对公正。如今在股票交易中需要中心化数据的储存，而应用区块链技术就可以直接去中介化地完成这个过程。

三、金融科技的发展路径

目前中国的金融科技活动，主要集中在五类机构六大业态。五类机构包括传统金融业、互联网机构、新兴互联网金融、通信机构和基础设施。六大业态包括互联网支付、网络借贷、众筹融资、互联网基金销售、互联网保险、互联网消费金融。

经过这几年的发展，中国的网络支付已成为互联网金融最成熟的细分行业之一，网络支付为金融科技的广泛应用提供了场景介入的基础。从这方面来说，中国市场的发展遥遥领先。

支付有金融和数据的双重属性，支付场景拥有的数据资源是进一步发展复杂金融业务的基石。

中国互联网巨头参与金融科技的路径各不相同：阿里巴巴是电商场景，交易先行，接着就有了支付，有了支付和大量数据，就能延伸到信贷、征信、借贷和众筹；腾讯有强大的社交场景，社交场景与金融活动有一定的距离，但腾讯以微信红包切入支付领域，接着进入个人消费，再到小额信贷、保险等领域；百度离金融活动似乎更远，在支付领域介入得少，但百度可能在金融科技 2.0 或 3.0 的阶段，应用搜索场景和网络流量介入人工智能、大数据分析等领域。

四、中国金融科技发展迅速

毕马威在《全球金融科技 2018 年上半年报告》中显示，2018 年上半年，全球对金融科技公司的投资为 875 笔，交易额达到 579 亿美元。亚洲金融科技公司在 162 笔交易中获得 168 亿美元，其中蚂蚁金服 C 轮融资就达到了 140 亿美元。由此可见，中国金融科技市场发展势头迅猛，为亚洲市场的增长奠定了基调。同时，目前中国已经有多家金融科技企业走出国门，去东南亚提供金融服务。

中国金融科技发展迅速，因为国内经历了向移动互联网的转型，越来越多的人把更多的时间、交易都留在了互联网上，在互联网上留下大量的数据，这些数据被很好地描绘出来，用于提升金融技术。

随着中国经济向高质量发展迈进，市场对金融服务的需求越来越高。目前金融领域很多痛点问题，都需要通过技术创新实现突破，这将进一步推动金融科技的发展。

第三节　金融科技 VS 传统金融

金融与科技融合派生了各类金融创新，对传统金融行业产生强烈的冲击。面对国内纷繁复杂的金融科技创新，我们有必要对金融科技与传统金融进行深入地比较和分析。

一、金融科技与传统金融的相同点

（1）金融科技和传统金融都是资金融通的中介。二者作为资金融通的中介，在金融市场发挥金融资源配置功能，通过贷款方式发挥融资功能，通过理财方式发挥投资功能，在资金供求者之间起到了媒介的作用。

（2）金融科技和传统金融都是通过金融支持实体经济的发展。金融科技通过技术将资金供求者直接对接，减少中间环节降低贷款成本，帮助小微企业拓宽融资渠道；在金融科技的冲击下，很多传统商业银行主动调整业务结构，将扶持中小微企业发展作为战略方向，缓解了中小微企业融资难问题。

（3）金融科技和传统金融都积极与科技进行结合。随着互联网信息技术的快速发展，金融科技通过先进技术的结合，规避了传统金融吸存放贷模式所产生的成本消耗，更好地解决信息不对称问题，提供了新的融资渠道；受金融科技发展的影响，传统金融也积极寻求金融创新。传统金融基于已有的核心优势，通过与金融科技企业的合作，陆续推出相关金融科技产品，促进了各类金融科技创新业务快速发展。

二、金融科技与传统金融的不同点

（1）金融科技对应的经济背景是"工业4.0"的智能化，对应的生产要素是数据和信息，具有无边界、扩散性和惠普性等特点。传统金融对应的生产要素，是土地、资本、劳动、企业家等。

（2）金融科技不适用传统金融中的"二八定律"，金融科技服务的对象是80%的长尾用户，让多数人从中受益，给社会带来平等的普惠效应。

（3）金融科技突破了传统金融的界限。与传统金融有银行、证券、保险等清晰划分不同，金融科技没有明确分类，理论上可以实现跨界运营。因此和传统金融相比，金融科技更高效，可以降低成本。

三、金融科技和传统金融各占优势

和传统金融相比，金融科技存在信息上的优势，具体表现在以下几个方面：金融科技搜寻信息成本低效率高。金融科技理财，用户可以在移动设备上搜寻自己所需的理财信息，搜寻理财信息快捷。传统金融理财主要采用面对面交流的方法，搜寻理财信息的成本高效率低；金融科技可以提供更为细化的产品服务。以产品收益为例，传统银行无法将传统理财产品的重要信息，比如净值变化、阶段风险、盈亏状况等情况，及时有效地告知客户，也不会主动披露客户每日的收益情况和收益率。而互联网理财产品相关细节信息，客户都可以通过网络随时查看，信息披露更加透明；金融科技可以提供更为迅捷的产品服务体验。金融科技理财让金融理财产品变得简单透明，让客户更容易判断金融产品的真实价值。而银行理财产品无法及时有效地向客户披露理财产品情况，无法为客户提供全面精确的金融信息。

传统金融在风险和规避上的优势，主要体现在以下两个方面：在投资风险上，传统银行在贷款业务上形成了完善的风控体系，而金融科技在这方面存在一定的劣势。互联网理财产品面临网络信息不对称风险，其获取收益的渠道又受限于传统银行和市场资金的流动性。互联网理财产品还面临着额外网络风险，理财平台风控能力通常较弱，互联网理财产品面临的风险更为复杂，这导致了部分客户对互联网理财存在忌惮心理；在监管环境上，金融科技存在监管空白或缺失。传统银行早已形成较为成熟的监管模式，同时监管者也逐步加强了对银行理财产品的监管。相比之下，我国金融科技监管还处于起步阶段，监管存在空白或缺失。

第四节　金融科技会颠覆传统金融吗

金融科技发展势头迅猛，对传统金融带来了一些挑战，但称其对传统金融颠覆性变革的观点却值得商榷。

一、金融科技对传统金融将带来挑战

金融科技已经对传统金融带来巨大挑战，主要表现在以下几个方面：

1.机器代替人

对于金融机构来说，金融是高成本行业。比如银行要聘一个大学毕业两三年的员工，一年就需要 20 万元的工资，而且这样的员工在大量流失，还得不断提高人力成本。一边是传统银行高成本，一边是机器人投顾的出现，使银行面临着很大的挑战和冲击。比如智能投顾技术出现以后，国际上有的投行让 95% 理财经理都改做别的工作了，还有一部分直接解聘了。

2. 管理架构的差别

科技企业的管理和文化更有活力，系统弹性非常大。比如腾讯，科技人员可以随时发起一个项目，只要得到批准，项目发起人就可以成为项目负责人，然后去找研发人员进行研发。在这样的有弹性的组织中，可以充分地发挥科研人员的积极性和创造性；传统金融机构层级非常多，而且这个层级是固化的。尤其是一些国有控股的大型金融机构，行政化特性比较明显，要发挥积极性受到很多约束。

3. 去中介化

金融在三次产业划分中，充当服务机构，即中介的角色。金融科技取代了传统金融公司的中介职能，实现了去中介化。比如，以前我们要办理存贷等业务只能去银行办理，而现在只要通过金融科技平台或者第三方支付渠道就可以办理了。

二、金融科技并不具有完全的颠覆性

现代金融的内涵与边界非常宽泛，既包括传统银行、证券、基金、保险等各类金融机构，也包括互联网金融等新金融业态，金融科技应用在不同领域会产生不同的效应。

从互联网切入传统金融的路径来看，基本是由支付到理财端、再到融资端，由基础金融不断地延伸和渗透到核心金融。在此过程中，互联网金融带来的冲击和影响具有明显的差异性。互联网技术在支付和理财领域的应用，以高效服务和良好体验颠覆了传统的业务格局。但是互联网技术在投融资领域中的应用效果则截然不同，投融资领域也经历了重视客户体验、采取线上运作的互联网商业模式，但随着 P2P 为代表的互联网融资风险的暴露，互联网企业开始反思，其实通过"一键即贷"的自动模式并不能有效解决关键的痛点，因为这是以丧失诸多风险控制环节为代价。

而以风险控制为前提恰恰是传统银行坚持的文化，即为了风险管理可以牺牲一些服务效率。所以，实践中涉及风险决策的重点领域，金融科技的应用主要在精准营销和风险监测等方面。尝试应用金融科技建立新型风险决策模型并管理信贷决策行为，目前尚处于探索和试错阶段，还没有形成相对成熟、可批量化的运作模式。

目前互联网金融成功颠覆性的领域，基本都是业务比较简单、不需要用户过多经验决策的金融业务。比如购买理财产品，主要是客户进行比价后，根据预期回报、金额、期限来决策，金融机构或互联网企业只提供了交易平台，并不参与用户的决策过程。

因为投融资领域的复杂性，更多地需要经验甚至直觉参与为主，模型决策为辅。比如网络贷款，涉及贷款的申请、业务审批、法律合同签订等若干个操作细节。在这类业务中，并不完全由客户决策来达成交易，而是需要投资者和银行等机构来互动决策是否投资和放贷。所以在融资领域，互联网金融尽管也在尝试结合客户体验来设计产品和提供服务，但总体上仍然未达到外界的预期。

越是简单的标准化业务，就越容易从客户体验出发颠覆现有的服务模式；而针对复杂专业和个性化的金融服务，则需要从专业的视角进行决策判断，不应该完全以客户体验为最高标准。

在未来，金融科技在银行支付结算，在财富管理等领域中，可能具有颠覆性的影响；但是在融资相关的领域中，目前尚难以产生颠覆性的力量。

我国金融科技企业的定位，在未来可能会朝着两个方向发展：在客户简单决策的金融领域中大有作为，革新现有的服务模式与商业格局；在交易双方需要深度交互的复杂领域中，金融科技更可能与传统金融紧密配合，优势互补形成合力。

第五节　金融科技的风险和监管

党的十九大报告指出，要"健全金融监管体系，守住不发生系统性金融风险的底线"。国务院金融稳定发展委员会成立时，国务院副总理、金稳委主任马凯强调了"强化金融监管协调，提高统筹防范风险能力"的工作重点。防范金融风险尤其是系统性金融风险，正从理念深入实践。

一、金融科技存在的风险

我国金融科技化趋势非常突出，金融业态发生深刻变化，金融风险发生的概率正在增加。在未来相当长时间里，金融科技的渗透是基本方向。新金融业态占比越来越大，也就意味着新的金融风险越来越多。

而随着金融与科技深度融合，金融科技风险可能成为系统性风险的新隐患，当务之急是要充分辨识，防患于未然。保守分析，当前金融科技在以下几个方面存在风险：

1. 长尾风险

目前金融科技中的借贷、支付、理财等业态，主要服务对象是低收入长尾人群。以蚂蚁金服旗下金融产品为例，全中国四分之一的"90后"开通了蚂蚁花呗，支付宝活跃用户中年轻人依然是使用主体，近四亿余额宝用户中，农村地区用户数量过亿。长尾人群在享受金融科技便利的同时，长尾风险堰塞湖也正在形成。

2. 数据风险

数据是金融科技发展的核心动力，也是金融科技生态中的宝贵资源。可以说，金融科技巨头都是大数据的拥有者和使用者。然而，在金融科技生态圈中，用户作为数据的生产者却没有主导权和安全感，成为信息泄露的受害者。中国网民权益保护调查报告显示，超过八成网民的个人信息被泄露过，接近 37% 网民遭遇诈骗承受了损失。金融科技模式离不开数据应用，以数据泄露、隐私侵犯为特征的数据风险不容小觑。

3. 技术风险

与之前的互联网金融相比，如今的金融科技在技术手段上有重大突破。以大数据、区块链、人工智能、生物科技等为代表的新技术，支撑了金融科技生态的构建及运作。尽管技术是中性的，但技术与金融结出的果实未必都甜。

（1）红线风险。传统金融一直是高门槛行业，监管层防范处置金融机构风险相对容易。然而，如今跨界从事金融已成常态，金融科技公司大多存在踩"红线"行为。包括扫码支付、智能投顾、互联网消费信贷等在内的部分金融新产品，都已经或正在突破金融监管红线。

（2）周期风险。任何行业都有自身周期，周期的存在有利于从业者更好地防范风险。金融科技周期是金融周期和科技周期叠加的产物。通常情况下，技术周期比金融周期更短，金融周期和科技周期长度不一致，预判金融科技周期变得非常困难。比如三年前人们都认为互联网金融将彻底颠覆传统金融，然而，当P2P网贷风险集聚爆发后，互联网金融很快被金融科技、数字金融等新金融概念取代。因此可以预计，金融科技也将经历异军突起、风险累积、集聚爆发、规范发展的过程演变。

（3）声誉风险。无论哪个行业，随着发展阶段转换都会面临声誉风险，金融科技也是如此。互联网金融异军突起时，各界人士都曾对其给予了高度的评价。然而，伴随互联网金融风险专项整治的深入，舆论又对大肆渲染互联网金融创新中的失误、失控现象，加剧了互联网金融的风险传染，让合规发展的互联网金融平台也陷入了声誉困境。

二、金融科技监管面临的挑战

在金融科技迅猛发展的形势下，金融业务风险与技术风险叠加后产生的扩散效应，对金融科技监管提出了挑战。金融科技监管当前面临的挑战，主要表现在以下几个方面：

1. 尚未形成有效的监管框架

由于金融科技所应用的各项技术的创新性和成熟度不同，目前各国主要考虑并实施的是对网络融资和电子货币的监管，对具体金融科技类别的监管存在较大差异。同时，金融科技已经跨国界影响到传统金融，但对于金融科技的跨界监管却明显滞后，在监管和消费者保护方面，目前尚无明确机制化安排。

2. 风险监测管控难度加大

金融科技以信息技术为核心，其业务模式背后庞杂的信息系统给识别风险造成了难度。高度虚拟化、网络化、分布式的金融科技体系，对监管体系提出了新要求。金融科技跨在不同领域、不同市场开展多元化的金融业务，混业特征更加明显。去中心化和去媒介的金融特征，使得一些未接受过严格监管的科技企业进入金融行业，许多交易活动由于脱离中央银行清算体系而增加了交易风险。

3. 监管手段无法满足风险监测需要

随着金融科技的快速发展，传统监管手段已不能满足新金融带来的市场变化，监管者需要快速更新知识结构，提高识别潜在风险的科技手段。区块链和大数据等科技手段分布式、去中心化等结构特点，使金融获得了跨界融合、多点互动的机会和能力，金融的技术门槛进一步提高，单一的金融监管模式已不能满足风险监测和管控的要求。

三、金融科技监管的发展路径建议

1. 树立正确的行业发展理念

党的十九大报告关于增强金融服务实体经济能力的要求，对通过金融科技发展提升金融服务的覆盖率和满意度，提出更多期待。因此，金融科技发展必须围绕实体经济需求和传统金融服务短板，把握好创新的着力点，依托技术驱动，把金融资源配置到经济社会发展的重点领域，提高金融供给对实体经济需求变化的适应性和灵活性；同时，要坚守普惠初心，聚焦小微企业、特殊人群等重点服务对象。

2. 采取适应行业发展趋势的监管方式

近几年来，中国出现的系统性风险隐患，基本都与无序扩张资产管理业务有关。

金融科技产品跨业态、多领域的特性，尤其需要树立可持续、主动、包容的监管导向，大力推进穿透式监管与功能监管、行为监管。一方面，要透过产品的表面形态看清业务实质，根据业务功能和法律属性明确监管规则，真正解决新技术导致的混业型金融创新带来的潜在风险与不确定性。另一方面，还要跳出围绕机构对象的传统监管思路，以功能监管、行为监管为主，对相同或类似业务采取相对统一的监管标准，缓和监管职能冲突，消除监管套利，真正适应混业经营趋势下防控金融风险的需要，实现对金融体系的全面监管。

3.构建科学有效的监管体系

构架科学有效的监管体系，可以从三个方面入手：一是加强国际协作。参考国外监管框架，与国际组织和制定国际监管标准的机构开展合作，为国际协同监管奠定基础。二是针对金融科技呈现出的新金融特征，加强顶层设计，明确业务边界、监管分工与监管职责，在国家层面统筹建立包括工商、公安等部门以及地方政府在内的监管协调机制，建立高效的金融科技监管原则。三是大力发展监管科技。充分利用大数据、人工智能、云计算等创新技术，丰富金融监管手段，提升新金融风险的甄别、防范和化解能力。

只有通过建设多层次、全方位监管治理体系，才能确保金融科技发展过程中的风险可监测可管控，才能促进金融科技在惠普金融和服务实体经济中发挥更大作用。

第六节　金融科技的发展趋势

金融科技浪潮扑面而来，我们必须用科学客观的态度，不管作为响应者还是质疑者，都必须认真审视这场巨大的技术变革。

党的十九大报告强调了互联网、大数据、人工智能等新技术带来的巨大影响。同时，当前金融领域也面临新技术的冲击，新技术已经成为影响我国经济金融高质量发展的关键所在。在未来金融科技发展变革中，可能会有以下主要趋势变化：

1. 行业去泡沫化

在一定程度上，技术对金融业的影响将会出现适度的分化，同时技术本身也需要更加规范。技术在金融领域应用时，需进一步推动技术的标准化，摒除各类"伪技术"；另外，随着资本市场对金融科技公司的深入了解，投资人将不再进行广泛投资，而是集中投资该领域相对成熟的公司。在未来市场，那些想凭借 Fintech 概念而获得投资的泡沫企业，机会将会越来越小。只有那些已经开发出成熟的产品，并且获得消费者认可的公司才能获得资本市场的青睐。同时，伴随日益激烈的竞争，小公司逐渐将被大公司吞并，市场将会出现巨头割据的局面。

2. 金融科技的业务与功能成为分类依据

按照巴塞尔委员会的分类方法，金融科技活动被分为四类：主要分为支付结算、存贷款与资本筹集、投资管理、市场设施。技术已经模糊了金融概念的边界，而更好着眼于金融的功能，着眼于金融到底都能"做什么"。

3. 借助技术优化产品服务形态

技术和服务作为 Fintech 企业产品的核心价值，其重要性将会更加突出。随着市场的成熟，金融科技公司的市场扩张方式，将从现有产品渗透转化为通过不断创造推出新的产品，完成与现有产品的整合，依靠更好的技术来实现产品和服务之间的链接。此外，虽然金融科技公司通过不同业务抢占的银行客户缺乏一定的忠诚度，但其优质的产品和以用户为中心的产品服务理念，将会让消费者对其愈加信任。

4. 评价金融创新的标准，是服务实体和改善民生

金融创新的益处，要落到服务实体和改善民生的实处。历史上所有金融创新都来源于商业创新对金融的需求。金融的目的是为了服务商业和生活，金融成功的标准就不应只是技术的创新。先进的技术是金融的基石，但是金融成功的终局是能够服务实体发展经济。从这个维度衡量，当金融科技还在强调技术优势的时候，中国的互联网金融已经以技术为支点扎根现实应用中，让数亿用户和数百万小微企业享受到金融服务，从而反哺经济。所以，金融科技强调的技术赋能金融只是开端，技术让金融更好地服务商业和生活才是发展的方向。

5. 主流金融机构的金融科技应用全面提升

从全球来看，主流金融机构一旦转变发展理念，将在金融科技应用

中占据更重要的地位。银行科技作为典型代表，或许在未来，现有的银行形态已经转变为完全的移动端 APP。

6.类金融需要明确定位

从监管环境的导向来看，一些利用新技术的类金融领域，如 P2P、众筹、现金贷等，需要安于小额补充的地位，都是金融领域小而美的补充。

7.科技风险防范与金融安全将成为重要的"蓝海"之一

全球都进入大大小小的危机波动频繁时期，在未来五到十年，结合新技术的智能风控时代将逐渐来临，在该领域会诞生新主体、新模式与新产品。

8.新金融创新会产生融合

金融科技影响将从 C 端逐渐延伸到 B 端，其中新技术、新产业、新金融叠加在一起，使产业金融生态建设成为重要着力点。

9.金融科技冲击将向基础设施下沉

比如支付清算体系是金融市场的基础设施，近年来伴随技术产生重大变革。此外，能否对信息、信用的基础设施以及会计、经济鉴证类中介产生影响，决定了未来金融科技的土壤质量。

10.移动场景时代是大势所趋

在我国，移动端用户飞速增长的趋势特别突出，这意味着未来着眼于 C 端的服务场景，将会向移动端进行转移。基于线下的固定场景和 PC 互联网时代的场景，都会遭遇重大挑战。

11.金融的严监管将成为常态化

各国监管部门，在互联网金融、金融科技兴起早期，都对其提供了"观察期"，随着监管对金融科技越来越了解，严监管肯定会常态化。P2P 网贷历史已经充分说明，当前的数字货币与区块链也不会长期处于"飞地"。

第二章

入工智能金融

第一节　AI 让金融触手可及

2016 年，随着谷歌开发的人工智能程序 Alpha Go 通过下围棋战胜了包括李世石、柯洁等在内的世界顶尖高手，人工智能瞬间就成了热门话题。

人工智能（Artificial Intelligence），英文缩写为 AI。人工智能属于科学研究的一个分支，希望通过生产出类似人类智能相似形式的智能机器，从而了解智能的实质。目前在人工智能领域的研究方向主要包括机器人、语言识别、图像识别、自然语言处理和专家系统等。

通俗地说，所谓的人工智能，就是想让机器和人类一样拥有思考和识别能力。比如美剧《霹雳游侠》男主人公迈克尔·奈特的爱车"基特"，《钢铁侠》的智能管家，它们都是人工智能的经典案例。

表面看都是机械，但它们赋予了更加高度的智慧，它们可以和主人公对话聊天，在不同的环境下提供正确的建议，帮助其渡过难关。其本质就是让机械变得能够自我思考、自我学习。

人工智能并不是一个新概念，从 1956 年正式提出人工智能学科到现在，人工智能经历了起起伏伏的发展历程。2016 年以来人工智能之所以取得了前所未有的提升，是受益于神经网络和深度学习在算法上的突破。

一、人工智能的发展路径及趋势

1.人工智能的发展路径

人工智能产业链包括基础技术支撑、人工智能技术及人工智能应用三个层次。基础技术支撑由数据中心及运算平台构成，包括数据传输、运算、存储等。人工智能技术是基于基础层提供的存储资源和大数据，通过机器学习建模，开发面向不同领域的应用技术。人工智能应用主要为人工智能与传统产业相结合实现不同场景的应用，如"无人驾驶"汽车、智能家居、智能医疗等领域。

总的来说，人工智能的基础技术支撑已基本具备，多家相关公司重金投入硬件，提升运算速度，完善基础技术支撑。随着神经网络和深度学习技术的发展，认知智能或将迎来新的技术突破。谷歌、IBM、亚马逊、百度等公司争相开源人工智能评聘，谋求"开放"的大生态，全面发展人工智能技术。

而在人工智能应用层面，苹果、微软、IBM、BAT 等也纷纷试水与场景融合。在试水人工智能的过程中，国内金融行业也逐步开始应用人工智能技术。

2.人工智能行业发展趋势

人工智能产业作为一个新兴领域，在世界范围内还处于起步阶段，与发达国家相比，我国人工智能领域的研究及应用水平也毫不逊色。

在未来，人工智能产业的竞争会随着不断增长变化的需求而演化。人工智能行业可能呈现如下发展趋势：人工智能将承担更复杂、更智能的工作。

目前，人工智能应用还处于感知智能阶段，需要根据人工设定的程序来辅助人工完成任务。随着机器学习算法的发展，机器人可以更好地学习并掌握知识变得更加智能，机器学习算法在数据分析方面的应用，使数据科学家更好地去促进数据策略的发展；人工智能服务将走向价值链上游。

目前，人工智能在服务行业，主要用于辅助人工或提供更便捷的后台处理，较少直接提供对客服务。而自然语言处理将使人与机器的交流更加容易，在未来，将大幅改善人与机器之间的交流，人工智能在服务行业将提供更多的直接对客服务，人工智能逐步走向服务价值链的上游；从训练式的被动学习向主动学习转变。机器学习主要依靠导入海量的数据来训练机器对事物的感知与认知。

目前，深度学习已经可以通过采用神经网络，使机器人主动获取并理解网络上的图片、视频和声频等内容。在未来，机器人或许能够从其他机器人的工作中获取信息，通过将信息上传至不同系统。也就是说，两个完全不同的机器人也能够教会彼此如何执行一个新任务；人工智能将是未来科技创新的排头兵。在未来，人工智能将给各行业带来深远的影响，人工智能应用也将走进普通消费者的生活。人工智能将与各行业进行深度结合，Fintech、智能家居、智能制造等都是其切入行业。

二、人工智能对金融行业的影响

深度学习在算法上的突破则掀起了人工智能浪潮，大幅提升了复杂任务的分类准确率。人工智能在某些领域将彻底改变人类目前的生产模式，劳动密集型的工作将完全由机器人来完成，人力将投向更具价值的事情。人工智能对于金融领域来讲，主要会产生以下几方面的影响。

1. 金融服务模式更加个性化智能化

在传统技术模式下，金融行业只能为少数高净值客户提供定制化服务，对绝大多数客户只能提供标准化服务。人工智能切入金融领域，机器能够更逼真地模拟人的功能，批量实现对客户的个性化服务成为可能，这将对银行沟通客户、发现客户金融需求的模式发生重大改变。金融产品、服务方式、风险管理以及投资决策等都将迎来新的变革。在前端，人工智能技术在前端可以用于服务客户，在中端可以支持授信、各类金融交易和金融分析中的决策，在后台可以用于风险防控和监督。

2. 金融大数据处理能力大幅提升

金融行业沉淀了大量包括金融交易、客户信息、风险控制等数据，这些形态多样的数据容量巨大，占据宝贵的储存资源，又无法转换成可分析数据加以利用。虽然大数据技术对此有所改善，但数据的有效处理和利用依然面临着极大挑战。运用人工智能的深度学习系统，尤其在风险管理与交易这种对复杂数据的处理方面，将大幅降低人力成本并提升金融风控及业务处理能力。

三、人工智能技术在金融领域应用场景

目前，根据人工智能技术支持能力和市场实际应用情况，基于语音识别的技术最可能在金融领域优先应用。市场已经具有成熟的商业运营案例和业务框架，技术实现难度较低，可迅速实现商业价值。其他人工智能技术目前商业运用仍处于初期阶段，结合目前行业发展趋势，按照人工智能技术分类，提出金融应用场景设想如下：

1. 智能客服

利用语音识别与自然语言处理技术，打造智能的客服机器人，通过整合集团对外客户服务渠道，提供在线智能客服服务；可以作为座席的辅助手段，快速解决客户问题。客服机器人通过实时语音识别和语义理解，掌握客户需求，并自动获取客户特征和知识库等内容；可以基于语音和语义技术，对电话银行海量通话和用户单据数据进行识别分析，挖掘其内在价值，为客户服务、营销等提供数据与决策支持。同时，这些数据还可以供智能客服系统进行自动学习，生成知识问答库，为后续客服机器人完成任务提供参考依据。

2. 人脸识别与安全监控

计算机视觉与生物特征识别技术，让机器可以更准确地识别人的身份与行为，可以帮助金融机构识别客户和进行安全监控：可以利用网点和 ATM 摄像头，增加人像识别功能，提前识别可疑人员，也可以帮助识别 VIP 客户；可以利用网点柜台内部摄像头，增加对员工可疑行为识别监控，记录并标记疑似违规交易，起到警示作用；可以在银行内部核心区域增加人像识别摄像头，实现智能识别，达到安全防范的目标。

3. 预测分析与智能投顾

机器学习与神经网络技术使机器能够通过数据的分析处理去自动构建、完善模型，预判事务变化趋势和规律，并提前做出相应的决策：使用深度学习技术，从金融数据中自动发现模式，如分析信用卡数据，识别欺诈交易，并提前预测交易变化趋势并做出相应对策；基于机器学习技术构建金融知识图谱，基于大数据的风控需要对不同数据进行整合，检测发现数据中的不一致性，分析企业的上下游、竞争对手、投资、对标等关系，主动发现并识别风险。通过提取个人及企业在其主页、社交媒体等地方的数据，判断企业或其产品的影响力和产品评价。并通过数据分析和模型预测投资的风险点，实现放贷过程中对借款人还贷能力进行实时监控，以减少因坏账而带来的损失；采用多层神经网络，智能投顾系统可以实时采集各种经济数据指标，通过不断学习，实现批量性个性化定制投顾方案，降低财富管理的服务门槛。

4.机房巡检和网点智慧机器人

可以在机房、服务器等核心区域投放 24 小时巡检机器人，替代或辅助人工进行监控；可以在网点投放智慧机器人，对客户进行语音互动交流，根据客户知识库内容进行标准业务咨询和问答；通过前端采集客户数据，可开展精准营销工作。

当前，金融行业已在客服、营销、风险、信贷等多个领域应用人工智能技术。在未来，还将在更多的领域，更加深入地研究与应用人工智能技术。金融行业作为科技发展的重要应用场景，应该紧跟人工智能发展趋势，积极尝试在各领域的运用与验证。

第二节　智能投顾的风口已来

随着人工智能技术日渐成熟，国内很多公司都相继推出了智能投顾服务，其中有互联网巨头公司，比如阿里旗下的蚂蚁金服、京东金融和百度金融，也有传统金融机构，比如招商银行的摩羯智投、兴业银行的兴业智投，金融科技公司也不甘落后，比如理财魔方等。

一、智能投顾的优势

AI 成为各行各业变革的重要趋势，金融行业也不例外。云计算、大数据技术和金融的融合，让智能投顾备受瞩目。相比传统理财方式，智能投顾具有以下几方面优势：

1.实现资产配置最优化

智能投顾可以根据客户对风险和收益的不同态度，为其资产配置提出针对性建议，实现资产配置的最优化。比如，中年人收入较高，更愿意承受更大的风险获取更大的收益。老年人的投资意愿，则更偏向于在保住本金的前提下，获得一定收益。智能投顾针对不同用户给予个性化的资产配置解决方案，实现个人资产的最优配置。

2.克服人性弱点

投资者进行投资决策时，往往会受个人情绪影响，容易在风险和收益之间摇摆。带有情绪的投资可能引发错误的判断，影响最终的决策。智能投顾没有情绪的波动，只有理性的判断。因此，智能投顾可以帮助用户做出客观的判断，克服人性的弱点。

3.快速提供方案

智能投顾旨在为缺乏金融知识，缺乏理财经验的用户提供高效的理财服务。客户进行简单的操作后，平台就会在众多金融产品中，给用户提出具有针对性的投资组合。整个流程全部由智能机器人完成，十分快速和便捷。

4.降低服务门槛

目前，各家智能投顾平台配置的金融产品类型不同，投资的门槛少则1000元人民币，多则上万元人民币。商业银行理财产品的投资门槛是5万元人民币，私募基金的投资门槛是100万元人民币。由此可见，智能投顾的服务门槛相对较低，可以服务于更广泛的人群。

5.降低交易成本

传统投资顾问是根据交易的佣金来获利，交易成本相对较高。国内智能投顾平台收取服务费的方式不同，有的按投资总额收费，有的按浮动收益收费，也有财大气粗的平台不收取服务费。当然，交易的手续费是每家平台都免不了的。智能投顾省掉了不必要的交易，降低了交易成本。

二、智能投顾在我国的发展困局

1. 缺乏生长的土壤

美国著名的投顾公司 Wealthfront，主要目标客户是有充足的现金流，却没有时间精力和金融知识来进行资产管理的年轻人。投资的准入门槛仅为 5000 美元，10000 美元以内不收取管理费，交易程序被简化，增长速率非常快；目前我国市场上正常的智能投顾都是以公募基金为资产标的，通常其认购、赎回、托管成本和管理费用高达 1% ~ 2%，是国外智能投顾的 2 ~ 8 倍。

智能投顾的实现基于对细分产品的量化，国外的智能投顾投资组合主要以 ETF（交易所交易基金）为主。目前美国大概有 1600 只 ETF，而中国仅有 100 多只 ETF，而且大多数为股票，没有针对不同产业的 ETF，不能做到分散投资，就无法实现有效配置资产。因此，国内现在很多智能投顾，只是投资经理根据自己掌握客户的投资习惯做统计推介投资方案，本质上只是给传统投顾业务穿上了智能的外衣。

智能投顾同时涉及投资咨询、产品销售和资产管理三方面的业务，而在国内，这三方面的牌照是分别发放和监管的。因为智能投顾是纯线上平台，增加了监管的难度。

2. 大数据维度单一，深度学习存在黑箱

可以说，人工智能的发展 80% 归于数据的丰富，20% 归于算法的提升。

金融领域的数据极易标签化，这对人工智能在金融领域发展有很大的利好。然而，智能投顾所获得的数据虽然丰富，但是维度却很单一。

智能投顾是基于用户画像和资产刻画提供服务。对用户进行画像需要搜集分析投资者交易行为数据，而我国客户的投资行为习惯非常脆弱，客户的投资习惯不同，带来的结构对智能投顾的挑战也不同，因此客户的风险画像往往很难精准表述它的特征；对资产进行画像，需要搜集分析金融产品结合市场的数据，目前国内拥有优质数据资源的公司很少，

而拥有优质数据资源的公司组建了数据封闭体系，不能很好地互通。另一方面，数据整合模式不成熟，造成有价值的数据过于分散，接入成本高。

如果说在智能投顾赋能中算法占比 20%，那深度学习则起到了一半的作用。在深度学习领域，真正能够把参数调好的人才极其稀缺。比如对于多层神经网络，每层都有很多参数，应该输入多大的数据量才会产生理想结果，这没有规律只是一个经验值。比如输入大量数据得出一个结论后，你无法回溯是如何得到这个结论，甚至无法证明这是最优解。所以，深度学习最大的问题是黑箱。

3.配置资产和金融服务的属性没变

传统投资顾问由专业人士担任，主要针对高净值人群，人力成本高，导致了传统投资顾问的管理费普遍高于 1%，且边际成本下降不明显。智能投顾管理费普遍在 0.25% ~ 0.5% 之间，边际成本随客户增多而下降，边际效应明显。

然而，与传统机构相比，智能投顾公司是典型的互联网发展模式，先砸钱做用户量，投入市场和运营的花费却很大，这样就增大了获客成本。同时，智能化程度不高，公司盈利率也并不理想。

三、智能投顾该如何破局

1.技术与流量相结合

智能投顾鼻祖 Betterment 公司，用了 10 年的时间积攒了 20 万用户，然而，Betterment 在短短两年内就被老牌资产管理机构 Vanguard 超越。品牌是智能投顾的竞争优势，而品牌也是老牌资产管理公司的强项。品牌弱获客成本就高，独立智能投顾根本不能接受高财力、高信任用户的转化成本。

例如，中农工建这样的银行巨头，很早就和 BATJ 等互联网金融企业进行了基于技术能力的合作。而一些缺乏技术能力的中小银行也有进军智能投顾的趋势，这些中小银行在地方上有一定的获客优势，但是碍于其薄弱的技术实力往往很难推进类似的创新，它们可以与具有技术优势的智能投顾公司进行优势互补。

银行对风险很敏感，切入点可以是低风险的定投或者偏固收类的资产配置等。采取相互赋能的形式，进行优势互补，才能进一步将蛋糕做大。

2. 人工智能为主，基金经理为辅

在金融市场上，产生收益的过程和方式有很大的不确定性，只有通过人脑的思考、理解与创新能力，才能够将其架构成应有的模型。智能投顾因为没有创新和发展的能力，它只能在部分程度上完成这个任务。同时，智能投顾侧重于"投"而缺乏"顾"。

在目前阶段，人的干预就显得尤为重要。智能投顾最终的投资建议，必须经过人工检视、处理后才能提供用户使用。通常情况下，用户与传统投资顾问有更多的互动，可以涉及用户房地产投资、子女教育投资等更广泛的财富管理增值服务。从用户的角度出发，"顾"比"投"甚至更重要。而做到"顾"，需要在"投资"的过程中给予适当的人文关怀。"想人所想"能充分获得用户信任，甚至会比"投"得好还有效。

从行业发展情况来看，由于依托传统金融机构的平台资源和客户渠道，在现阶段，人工智能为主基金经理为辅的模式，是最为有效的方式之一。

3. 让用户自主选择

我国证券市场目前仍以散户为主，市场情绪波动巨大，很容易出现不理性的投资行为。在某种程度上，这种非理性行为助长了上市公司的有恃无恐。智能投顾可以通过金融学中公认的科学投资方法，引导投资者理性配置自己的资产。智能投顾的主要目标人群是年轻人和新中产，

他们对智能投顾的接受度可能略高于一般群体，但对机器的信任值当然也不会达到百分百。

基于此，智能投顾公司可以提供很多方便的投资工具或者分析工具。比如基金的优选及诊断，同时配上一些估值概率分位、MPT之类的分析工具。对用户进行市场教育的同时，给用户一定的自主选择，可以增加客户对机器的容错度，有利于人们对智能投顾的接受。

而当智能投顾公司采取这种方式，无论是TOC还是TOB，都会产生新的赢利点。

智能投顾处于蓄势待发阶段，虽然在国内既有"智能＋投"，也有"智能＋顾问"，既有机器主导也有人机融合，这是变革转型期的常态。就是在欧美发达国家，也会面临这种鱼龙混杂的现象。伴随着AI技术的成熟和相关政策的落实，智能投顾颠覆现有的投顾模式将是最终的发展趋势。

第三节　智能金融会抢哪些人的饭碗

根据高盛提供的数据，2000 年，作为世界最大的投资银行，高盛集团的现金柜台股票交易员多达 600 名，然而到目前为止，高盛现金股票柜台交易员的数量已经骤减到 2 名，从 600 到 2 的转变，与高盛全面应用人工智有着密不可分的关系。毕马威也预测：到 2030 年，人工智能上门服务或将实现，传统银行的多数部门可能会消失。

一、人工智能将对金融人产生哪些影响

在我们常见的金融交易当中，像信用评估、投资分析、银行贷款、个人金融、量化投资、市场研究、保险市场、贷款催收、企业财务、通用预测、合规风控、资产管理都有着人工智能的影子，都有可能被人工智能所替代。

而掌握技术的分析师的工作也将受到一定的冲击：人工智能软件正在取代他们工作内容中需要耗费众多精力与时间的部分。

不过，也有业内人士认为，目前人工智能在金融行业的应用，还没有到可以委以重任的地步。人工智能可以替代一些信息收集和处理的基础工作，在真正可以完整模拟人脑的人工智能出现前，分析师不可能被取代。

数据分析的目的是为了解决问题或者验证猜想，这些需要先预设目标作为切入点，然后在探索过程中逐步修正。

数据分析是提出和发现问题的过程，而计算机不会提出问题，即使计算机能发现一些问题，这些问题也是人类分析师已经发现的问题，而且已经设定好规则。也就是说，计算机只能根据规则发现问题。而数据分析师，就是设定规则的人。

不同的分析师对同一份数据，可能会得出不同的结论。分析师并不是单纯地根据数据本身得出结论，而是结合很多外界因素做决断。经验丰富、有效信息量多的分析师，得出的结论才会更接近事实。目前，计算机不能自主完成这个过程，商业智能系统做得再好，也需要分析师设定规则，告诉计算机在什么时间需要做什么。

总的来说，那些要求更多创新和协调能力的工作，则不容易被取代。人工智能并非是单一存在，它需要算法、芯片等一系列围绕人工智能的产业链，将会出现一批全新的工作岗位。相比于现在，未来金融业更需要像程序员、硬件设计生产人员，培训人工智能成长、算法工程师、审

核人工智能道德和合法性的人员出现。

二、金融人如何不被淘汰

人工智能让金融业迎来一场海啸，"科技＋金融"势必是未来的发展方向。金融人也该加速助跑，正面迎接这场科技变革。

1.积极应对挑战

从积极的角度来看，人工智能将人类从很多烦琐、重复的工作中解放出来，金融人就可以集中精力，把机器取代不了的那部分做得更好。另外，从业者对形势、风险的把握以及所掌握的人脉，这些都不是技术能够代替的。

2.积极学习 AI、用 AI

赫拉利曾说过：那些懂得利用人工智能技术者，可以实现大脑与计算机的连接，从而成为金字塔尖的统治精英。

金融人作为商业人才，不必焦虑于是否要转行去 AI。从技术角度来看，人工智能发展至今技术已经日渐成熟，人工智能之所以还没有被广泛运用，一个重要的原因是应用层面还未挖掘出底层技术的商业价值。目前，人工智能更需要的是和各行各业的深入融合，金融人可以运用自身的优势和创造力，使人工智能在金融领域发挥更大的商业价值。基本的科技素养，也会成为衡量金融人创新能力与运用能力的砝码。

3.终身学习势在必行

把人生分为学习和工作两段，已经不再适用于这个快速发展的时代。终身学习已成为时代对我们的要求，把职场作为新的起跑线，永远要保持与时俱进积极学习的状态。

在未来，不管人工智能会取代金融业务中的哪些流程，作为人工智能的使用者都应该掌握被代替部分的技能。技术是为我们服务的，而不是我们为技术服务。

金融行业对于理论水平和实操技能的要求，并不会因为科技的进步而降低。顺应潮流，增强快速学习能力，用开放的心态、系统的思考让自己在人工智能的大潮中立于不败之地。

第三章

区块链金融

第一节　什么是区块链金融

　　提起区块链，很多人会想到数字货币，甚至有人认为区块链等同于数字货币。这是因为在现阶段，金融是区块链创新和应用落地较快的领域，最典型的应用就是比特币、莱特币等数字货币。

　　其实，在金融领域中，区块链技术只是数字货币的底层技术，区块链技术在支付清算、金融交易、数字票据、物联网金融、银行征信管理等多个方面都有广阔的应用前景。

一、什么是区块链

　　为了让普通人更容易理解区块链，有人把成语接龙的游戏和区块链进行对比，认为二者有很多相同之处：

比如说我们在群里玩一个成语接龙的游戏，规则要求下一个抢答者必须包含"时间 + 上一个成语里的某一个字 + 自己名字"，这就是区块链中的共识机制；确定了游戏规则，建立第一个成语"12 点 00 分 + 一字千金 + 大本钟"，这就是创世区块；接下来，比如群友"笨小猪"发送了"12 点 10 分 + 金枝玉叶 + 笨小猪"，每个人在群里都可以看到自己账号上的记录，这就是区块链的分布式账本概念；因为大家都可以看到群里的消息，这就有效地防止了有人记录时出错或者是恶意篡改，这就是区块链中的共享账本概念；为了提高参与游戏的积极性，我们决定增加激励机制，比如成功抢答一个成语我们奖励其一个艾特币，这就是基于区块链技术而产生的比特币应用；这个规则也考虑了可能发生的意外情况，比如两个人同时抢答成功，那么此时就看谁的成语最先被下一个人抢答成功，就可以认定他们的这一条"链"是被真正记录的，这就是区块链的分叉机制；玩了一段时间后，大家发现这个游戏太简单，为了保持游戏的可玩性就可以增加游戏难度，比如变成歌词接龙、单词接龙，这就是区块链中决定挖矿难度的随机数。

这样在群里玩接龙游戏的好处，就是确保了整个游戏过程是可信任的，如果某个人想要通过作弊修改其中某一个成语或者抢答者，那么这个成语的上一个、下一个成语他也需要修改，然后他就又发现还要去修改上上一个或者下下一个成语……通过这种瀑布效应就保证了整个游戏过程几乎是不可能被篡改的。同时，因为没有主持人掌握所有记录并隐瞒过程，因此也不存在所谓的内幕与暗箱操作。

因此，区块链就是一群认同并遵守这个规则的人共同记录连续信息的过程。

1. 区块链主要原理

区块链并不是某种特定的技术，而是综合了互联网技术、分布式点对点技术、公钥加密算法等基础技术，并为实现低成本价值转移而设计的系统性解决方案。具体来说，区块链是指通过去中心化和去信任的方式，集体维护一个可靠数据库的技术方案的统称。

在该技术方案下，系统中任意多个节点，通过密码学算法记录了某段时间在网络中发生过的所有信息交流数据，并生成区块，区块按照时间顺序连接形成区块链，由所有系统参与节点共同认定记录是否为真。

因此，区块链就是一种全民参与信息记账的技术方案。可以把这种方案理解为所有的系统背后都有一个数据库，可以把数据库视为一个大账本。传统模式是使用中心化的服务器来记账，但在区块链系统中，系统中的每个参与者都可以参与记账。每隔一段时间更新一次数据，系统会评判在此期间记账最快最好的人，并把他记录的内容更新至系统内所有的其他人进行备份。这种"去中心化"的方式是区块链技术最有代表性的特点。

2.区块链技术特点

（1）去中心化。去中心化是区块链技术的核心。在传统的互联网模式中，几乎所有的数据库管理的模式都是依靠中心记录、中心储存的。中心是所有路径的交错点，由一个中心来处理整个互联网的数据可以较好地实现控制目的，但是也会导致很多的题。一个中心处理如此巨大的数据容易出错，甚至当一个中心出现问题时，整个互联网都会处于崩溃状态。

在去中心模式下，网络没有中心化的硬件或者管理机构，任意节点之间的权利和义务都是均等的。网络是基于分布式方式进行运行和管理，任何一个节点出现问题都不会影响整个系统的运作。比如，目前各国央行清结算体系就是典型的"中心化"模式，在整个清结算体系中，人民银行作为中心节点，单独管理和维护所有参与节点账务往来的"账本"，人民银行账务系统一旦出现任何风险，将对全社会的账务处理造成较大的影响。而 P2P 网络传输就是较为典型的点对点模式，在整个系统中，每个节点之间均为平等关系，任何一个节点在下载任何网络资源过程中，以分布式的方式从各个网络节点获取部分资源，也就是说，单一节点损坏不会对其他节点完成资源下载形成影响。

（2）去信任。与传统互联网不同，区块链技术构建的信任，并不需要交易者彼此之间相互信任或者信任可靠的中心节点，只需要对区块链本身的技术信任即可。

区块链依靠非对称加密和可靠数据库完成了信用背书，所有的规则事先都以算法程序的形式表述出来，参与方只需要信任共同的算法就可以建立互信，通过算法为参与者创造信用、产生信任和达成共识。

参与整个系统中的每个节点之间进行数据交换时，整个系统的运作规则、数据内容都是公开透明的，因此在系统指定的规则、时间范围内，节点之间根本无法欺骗其他节点。整个系统的信任基础并不依赖于某个节点，而是依赖于系统算法和既定规则，而在现有技术下，该算法难以被攻破。

（3）去风险化。区块链会为每一笔交易盖上时间戳，时间戳其实是对每一次交易的认证，时间戳认证比传统的公证更为可信，因为时间签名是直接写在区块链上的，已经生成的区块在区块链中是不能再修改的。

时间戳的应用保证了交易信息的安全，减少了信息欺诈、虚假交易等情况。区块链上任何一个节点都不能单独更改数据，要破坏整个区块必须控制超过 50% 的节点。而在现实中，参与区块链网络的人越多，攻击超过 50% 的节点几乎是不可能的，因为即使攻击 51% 的节点，其收益远远低于所投入的成本。所以相对传统网络，区块链更加安全可靠。

此外，因为系统中所有的节点都可以来维护数据块，即每个系统成员都能参与系统数据维护。系统中所有的参与者都会保存一份历史交易记录文件，每个节点都能判断新的交易记录的真伪，因此具备"不可篡改"的天然优势。

二、区块链金融技术的发展阶段

1. 区块链 1.0：货币

区块链技术伴随比特币应运而生，比特币也成为区块链技术最典型的应用。

比特币是一种基于分布式网络、数字签名技术、加密交易单形式存在的虚拟货币。比特币的发行、交易验证都是基于比特币系统公认的数学算法和加密技术。比特币的发行速度由程序算法预先设定，存在供给数量上限，任何个人或者组织都可以开发、下载和运行比特币客户端，随意生成比特币地址以接收和发送比特币。在当前机制下，比特币的发行和交易是同时进行的。

比特币系统中每笔交易都对应一个交易单，发起交易的节点向网络广播该交易单信息，全网节点通过特定算法和技术验证交易单的有效性，验证完成后将同一时间段内其他所有交易单归集到一个新的数据块中；最先完成同一时间段内所有交易单验证和包装的节点向全网广播自己的结果，其他节点接收该区块并检验是否符合规则。验证通过，则该数据块有效，其他的节点确认接受该数据块，并将其附加在已有的区块链条之后；获得确认后，交易被不可逆转地确认。为了鼓励各节点参与交易的验证和区块的包装，系统对于首先完成验证及区块包装的节点给予比特币的奖励，奖励的过程即比特币发行的过程。

在这一阶段，去中心化的数字支付系统被构建起来，随时随地的货币交易、快捷迅速的跨国支付变得更加容易。比特币去中心化的特点，注定了比特币不会被某个国家或者团体所控制，这让货币强势的国家很难接受，因为经济强国通常可以通过印刷货币获得极大的财富。对于强国来说，比特币冲击了现有的印刷货币的体系，让其丧失了通过印钞机掠夺财富的优势，这对于在法律层面承认比特币是一个巨大的挑战。

2. 区块链 2.0：合约

区块链技术主要起源于数字货币，但已被开发应用于其他涉及第三方机构信用背书的业务领域。当前主要涉及金融服务的智能合约的商业领域。

2015 年 10 月，美国纳斯达克交易所推出了基于区块链技术的私人股权市场 Linq。基于区块链"不可篡改记录"的核心优势，私人公司管理者可借助该平台直接自行完成股权的发行、登记、交易等功能，平台永久保留历史发行和转让记录数据链以供监管和审计，大大简化了私人股权发行和交易的流程。

国内的初创金融科技公司小蚁也推出了基于区块链的资产数字化登记平台，为企业提供股权、债权的交易和管理等服务。2015 年，德勤宣布将区块链技术应用于审计和咨询工作，并且推出了一站式区块链软件平台 Rubix。德勤的客户可自行通过 Rubix 平台建立需要的程序，包括票据系统和注册表等。

区块链在诞生之初，就具备跨境支付的功能。区块链在跨境支付的应用主要体现在，通过一种金融交易的标准协议，实现全世界的银行、企业或者个人互相进行点对点金融交易，实现跨国跨币种的支付交易。

2017 年 3 月，招商银行运用区块链技术，为南海控股有限公司通过永隆银行向其在香港同名账户实现跨境支付，标志着国内首个区块链跨境支付成功落地应用；2018 年 6 月，全球首个基于电子钱包的区块链跨境汇款服务上线。

区块链应用于跨境支付在技术上完全没有问题，这项技术之所以没有被真正应用，主要因为涉及政治、法律、隐私等问题。

3. 区块链 3.0：治理

从本质上讲，区块链技术是一种基于数学算法信任的分布式协作模式。因此，区块链能够成为提高社会运作效率的新型社会治理模式，能够运用于公证、投票及相关去中心化自治组织等领域。

（1）投票。2016 年 10 月底，美国纳斯达克交易宣布将使用区块链技术来管理代理投票系统，用于股东大会的投票。

（2）公证。美国初创金融科技公司 Factom 率先把区块链技术应用到了公证领域。运用 Factom 的解决方案，客户能够把文书、数据信息、文件等保存在分布式区块链上进行公证。

第二节　区块链技术对金融业的影响

区块链基于互联网的分布式账本技术，提供了一种新的信用创造机制，在金融领域表现出广泛的应用前景，理所当然地成为人们热议的话题。国内外顶尖金融机构对于区块链技术十分重视，业界普遍认为，区块链会给金融业带来巨大的冲击，甚至会产生颠覆性的影响。

一、对金融业主要领域的影响

1 对各国中央银行的影响

当前比特币交易的火爆，引起了各国中央银行的重视，都开始深入研究基于区块链的数字货币。基于区块链技术的加密货币有三个特点：

它是一个去中心的清算模式；它是一种分布式的记账体系；它是一种离散化的支付系统。

去中心化的清算模式，意味着不再需要中央银行提供清算服务；分布式账本用流水账的方式记录了在这个网络上的一切交易记录，意味着可以自动完成整个清算功能，不需要再借助银行体系进行清算。清算问题是中央银行诞生的最重要的动力，货币发行权的基础在于清算权。区块链清算非常的高明，完全不用人来干预，而且还特别安全，而且成本要低得多。

面对这种情况，中央银行需要学习区块链技术，主动采用区块链技术设计新货币，而不是让社会自发设计货币。央行要掌握未来游戏规则的制定权，以便主导之后的货币变革。

2.对商业银行的影响

在区块链上做清算，区块链上的数字货币就是账本上的一个数字，这个数字不依赖银行账户存在，是一种不依赖于银行体系的独立的货币。所以，在未来，如果数字货币发展成为一种独立的货币，它将会跟传统的商业银行争夺居民储蓄。

对于数字货币带来的挑战，商业银行可能会采用轻资产的模式来应对。商业银行的重点工作将成为设计贷款产品，产品推出后由投资者决定是否购买，贷款资产属于投资人，商业银行只是帮投资人进行咨询、风控和运营，咨询费和服务费等佣金成为类投资银行的盈利模式。

受区块链技术的影响，在未来，商业银行可能不再接受储蓄，投资者可以去银行购买与自己的风险偏好相匹配的贷款资产，金融生态会发生巨大的变化。

3.对投资银行的影响

区块链在证券发行和交易领域的应用有三个价值：区块链可以使证券交易的流程更加透明快捷，证券公司只需提供投资咨询服务，成为专家顾问的角色；区块链能够记录交易者的一些关键信息，有利于证券发行者更加快速地了解发行情况，提升商业决策效率；基于区块链技术公开透明又可追踪的电子记录系统，能够降低暗箱操作、内幕交易的可能性，有利于证券发行者和监管部门维护市场公正；区块链技术，使证券交易日和交割日的时间间隔缩短至以分钟计算，减少了交易延迟和交易风险，提高了证券交易的效率和可控性。

为了应对区块链技术带来的挑战，证券公司需要强化软件应用开发能力，掌握区块链技术和设计理念，设计出更好的产品吸引投资者关注。证券公司需要进一步提高专业能力，以投资者资产的保值增值为自身经营目标。

4. 对保险公司的影响

区块链技术在保险行业的应用，首先可以进一步有效避免保险欺诈。现实的保险业务中，保险公司和投保人之间的纠纷时有发生，区块链技术提供的开放、共享、真实的数据信息有效地维护了保险的诚信；区块链技术的应用，会改变保险业的模式。

目前的保险业是商业保险模式，保险公司受利益的驱使，在风险定价时更多地会考虑自身利益，与客户的关系是对立的。区块链技术的应用，商业保险模式将会逐渐向互助保险模式转变。在该模式下，保险人不再是保险公司，而是每一位参与者，客户缴纳的保险费将全部用于被保险人身上。

二、区块链技术在金融领域应用的局限性和风险

区块链技术去中心化的信任机制，能够较好地解决全球范围内的价值交换问题，在一定程度上具备成为下一代互联网基础协议的潜质。但是，从目前区块链技术的实际运作情况来看，仍存在一定的局限性。

1.目前区块链技术实际运用的局限性

（1）全网运算能力浪费问题。区块链系统中，所有参与节点都需要通过大量运算来验证交易有效，但只有最先完成运算验证的节点所提供的区块数据才有价值，而其他同时参与运算的节点所产生的区块没有任何作用，这对全网的运算能力造成了浪费。

（2）交易处理能力问题。当前单一区块容量较小，所包含的交易数量也较少，即区块链模式下的交易处理能力可能相对较弱；当前区块链的实际应用也相对较少，即使是最为成熟的比特币应用，其交易规模也较为有限。所以，区块链的运作方式尚未对现有网络的传输效率和存储能力造成实质性影响。在未来，区块链应用一旦普及，随着交易规模快速增加，将对全网的传输效率和存储能力造成较大的挑战。

（3）核心算法安全问题。区块链技术的去信任基础主要建立在数学算法和加密技术上，尽管当前的算法机制在推出以来并未被攻破，但并不能保证永远安全。目前已有理论研究表明，未来量子计算机出现后，就能在较短时间内对区块链技术核心算法进行破解，对其信任基础形成极大的挑战。

2.区块链在金融行业的风险

由于区块链自身存在的技术障碍，使得其在金融行业的应用并不乐观，甚至会加剧金融机构面临的风险：

（1）区块链的安全问题。传统的金融设施都是由某个组织单独控制，相关软硬件设施都是不公开的，业务系统的源代码也是私有的。区块链是一种开放的应用，区块链系统的代码是在参与者之间共享的，处于公开状态，区块链的系统也是处于相互连接的状态。因此，基于区块链的应用更容易受攻击；虽然理论上来说，基于POW算法共识的区块链交易的确认需要超过51%成员节点的认可才能完成，攻击者无法对大部分的节点进行攻击，但是可以攻击区块链的上层应用来突破这种防御体系；

传统金融系统可以对监测到的攻击进行实时阻止并修正，区块链应用一旦被攻击就无法挽回，或者必须征求大部分参与者同意后紧急进行硬分叉修复。

（2）区块链的隐私保护问题。在传统金融业务模式下，数据保存在中心服务器上，由系统运营方保护数据隐私。区块链的数据是公开透明的，参与者都能够获得完整的数据备份。对于金融机构某些必须保密的业务场景中，区块链模式还过于简单，无法适应复杂金融业务的需要。

目前区块链在解决金融领域对数据隐私的需求问题上，主要有三个方法：一是通过严格的成员准入机制，使得只有经过许可的成员才能接入区块链。二是将同态加密、环签名等密码学技术与区块链相结合，使得虽然全部数据都放在区块链上，但只有交易相关方能够解读与自己相关的关键数据。不过，目前各种密码学的隐私保护实现都有其局限性，密码学在区块链上的大规模应用仍处于早期阶段。三是通过将业务的敏感数据脱离区块链存放到其他系统中，而只将业务执行的结果及密码学特征码存放到区块链上作为存证。

（3）区块链的可编程能力。区块链的可编程的意义是通过预先设定的指令，完成复杂的动作，并能通过判断外部条件做出反应。比特币区块链最先提供区块链的可编程能力，但是这种脚本的编程能力比较弱，并不能应用于复杂的金融场景。要实现区块链的灵活应用，必须为区块链增添更加强大的可编程能力，降低金融应用实现的难度。

（4）区块链的数据回滚机制。区块链由于要进行全网的数据同步，因此通过一个链式结构"封存"了历史交易，历史交易很难被篡改，但这也导致区块链交易一旦成功就很难被取消。在金融业务中交易取消是常态，如何实现区块链的数据回滚还需要进一步研究。虽然经过强制性的硬分叉可以将全网的账本的状态恢复到之前的某个时间点，实现对历史数据回滚，但因为其涉及的范围太广，在实际的金融系统中并不现实。

比较有现实可行性的数据回滚机制之一就是通过冲正交易机制的设计，将需要进行的修改叠加在历史数据之上。

（5）区块链的账户保护。目前，主流区块链平台都使用公私钥对为基础来控制账户资金的访问权。用户的私钥通常是在用户本地生成，没有中心服务机构会存储相关私钥。用户的私钥一旦丢失，就可能彻底丧失资金的访问权。区块链要在金融领域得到更广泛的应用，就需要寻求更安全可靠的账户保护方案。

（6）跨链互操作性是一个难题。目前，在不同的区块链之间实现良好的互操作性是个技术难点，但在现实应用中这样的场景广泛存在，比如几个银行组成的联盟区块链之间，可能会有与另一个联盟区块链交互的需要。就目前而言，还没有较为完善的跨链互操作性解决方案。

（7）区块链并不能适用所有金融应用场景。区块链技术的应用，可以降低信任成本提升效率。但是，区块链技术有其自身的局限性，在某些场合的应用，可能需要效率维护公共总账，无法取得较好的效益。

三、对现在金融体系的影响

区块链技术在金融领域的应用，对金融体系也造成了一定的影响和冲击，具体主要表现在以下几个方面：

1. 对基础设施的影响

国际支付结算体系委员会认为，基于区块链技术的数字货币，将给金融市场基础设施带来很大的影响。区块链技术将对抵押担保以及各种金融资产的登记注册产生影响，从而会对大额支付系统、证券结算系统等产生潜在效应。基于区块链的智能合约，使得在某些特定条件下自动完成支付，这可能会衍生出新的支付方式，将改变现在与净头寸和抵质押品相关的双边保证金和清算的规则。对零售支付系统的影响体现在消费者权益保护、更为分散的操作风险、法律风险更为突出以及反洗钱面临持续挑战。

2.突出的消费者保护

区块链最大的应用是非主权的数字货币，但其内在价值如何完全取决于市场参与者对其的价值感知与预期，客观上造成比特币的价格波动大，购买并持有数字货币的市场风险也大，因此，比特币交易者和持有人的金融权益保护问题尤为突出。同时，比特币的欺诈风险更大。由于比特币被存储在数字钱包里，比特币被盗事件时有发生，这给比特币持有人带来财产损失。

3.更为分散的操作风险

区块链的终端用户都是系统的直接参与者，不需要银行等中间组织参与。区块链分布式总账机制的技术特点，决定了由此产生的操作风险更为分散。这有可能减少某些特定的操作风险，但也增加了监管操作风险的难度，可能使中央银行的监管力量变得更为分散。

4.法律风险突出

由于数字货币的支付是瞬间完成且不可撤销的，没有任何中间环节，也不存在发行主体，这有可能产生一些法律风险。比如在数字货币丢失或被盗的情况下，因找不到合适的法律主体，消费者保护难以实施。

5.数字货币的支付机构可能产生一定的结算风险

在数字货币的支付系统中，交易确认，结算即完成，理论上不存在流动性风险而致结算风险，但提供数字货币技术服务的第三方服务商可能需要管理数字货币的流动性以及与主权货币兑换的风险时，则会对数字货币的支付系统带来某种程度的结算风险。

6.反洗钱的问题

事实表明，数字货币的匿名性和假名性给洗钱和犯罪带来极大便利，而给中央银行履行反洗钱监管职责带来全新的挑战。

四、对货币政策的影响

数字货币会加速货币流通，在一定程度上影响货币供应量的政策效用。同时，数字货币可能会影响银行准备金的需求供给与结构：数字货币可能对存款准备金产生替代效应，或因数字货币导致银行对结算头寸需求的减少；数字货币可能会影响中央银行资产负债规模与结构，影响程度取决于数字货币对法定货币的替代程度。

数字货币对铸币税的影响也值得注意：数字货币对纸钞的替代必然减少央行的非付息负债，央行倾向于替换付息负债，减小资产负债规模，导致央行铸币税收入的减少。央行对货币乘数的观察和测度，是在事后使用广义货币和基础货币进行的推算，而不是实时监测所得。数字货币技术理论上赋予了央行观察金融账户的实时余额变动与货币形态迁移，央行有能力监测到货币流通速度和乘数的实时变化，为央行进行精准货币调控提供更多的决策支持。

五、对系统风险的影响

伴随着云计算的发展，大规模 P2P 网络应用成为可能，这种具有破坏式创新正在改变着世界经济图景，金融消费者行为也被改变，P2P 网络技术在金融领域的应用将使人们进入 P2P "自金融"时代。

"自金融"是基于信息与通信技术、加密算法、开源计算、时间戳和 P2P 网络使得每个终端用户能够匿名地、去中介化地、安全地获得资产、支付和其他金融服务。"自金融"对现有的法律体系带来挑战，会带来一些棘手问题：一是新形式的网络犯罪与金融诈骗；二是羊群行为和过度的市场集中，产生的市场失灵及对实体经济潜在的灾难性影响；三是隐匿交易痕迹的洗钱与恐怖融资；四是具有泡沫动力学特征的风险，同一动力学在不同的网络结构上表现出不同的特性，相关免疫策略将明显不同。2008 年金融危机后，国际支付结算体系委员会认为金融链接在危机传播中起到渠道作用，除了通常说的"大而不倒"，也出现"链接过多而不能倒"。因此，基于区块链的"自金融"既有泡沫动力学特征，也有"链接过多而不能倒"，两者叠加共振，风险可想而知。

第三节　价值与泡沫并存

　　由于区块链技术与金融领域之间天然的关联性，在金融应用领域，无论是科技巨头还是传统金融机构，都铆足劲要想成为"头号玩家"。在各路资本火热布局的背后，有专家认为，当前区块链应用距离真正成熟还有很大的差距。大额投资之风渐起，释放了投资机构对区块链的关注和信心增加的信号，或将引起资本的进一步涌入，后续需警惕资本过热风险。

一、区块链为何火了

　　区块链迅速火爆，主要有两方面的原因：一方面，区块链技术进一步成熟，和产业结合更加紧密。在前几年，加密数字货币是区块链技术主要的应用场景，和实体产业结合不太密切。这轮区块链概念股显示，区块链技术的应用集中在数字版权交易、供应链溯源等与实体经济结合紧密的领域。区块链技术的逐渐落地，是区块链受到关注的重要原因。另一方面，数字加密代币的价格暴涨，也引发了人们关注区块链的契机。在未来，随着区块链和产业的结合更加密切，在推动实体经济发展过程中，区块链的技术价值会被逐渐释放出来。

业界人士认为，对于区块链概念股暴涨的表现，应该辩证地看待：区块链技术是一个颠覆性技术，可以实现智能合约交易、帮助数字资产管理、推动组织变革等。因此，在这个估值体系、价值体系、经济体系的转换期，区块链概念股的估值就会偏高一些。

二、资本涌入供应链金融应用

在区块链金融应用方面，各大科技巨头的较量正全面升级，供应链金融成为"战场"。有数据预测，2020 年，国内供应链金融市场规模将接近 15 万亿元。

专业人士认为，在未来，贸易流通领域是区块链技术最广泛的应用前景之一。比如，在一个批发网络中，应用区块链技术，可以把批发商、零售商的管理和支付、结算都结合起来。在供应链领域，可以通过区块链技术，实现上、下游企业进行有效管理。在应用区块链技术之前，上、下游企业要签协议，进行支付、结算，这些步骤都是分开的。通过区块链技术，契约执行和最终价值的转移、清算，都可以有机结合，价值转移也是自动生效，大大提升了效率。

三、无场景，皆泡沫

很多专家和业界人士认为，区块链技术能对传统金融有很好的促进作用，但不会颠覆和取代传统金融。过度的资本炒作，或将使得区块链金融应用滋生泡沫。没有真实的应用场景区块链技术将失去生存的土壤。如何实现区块链技术在具体场景中的应用价值，是业界最应该探讨的问题。

机构监测数据显示，2018 年第一季度末，全球区块链资产总个数为1596，相比 2017 年四季度上升 16.33%，但由于项目开发进度、市场情绪以及监管环境等因素影响，全球区块链资产流通市值为 2633.83 亿美元，环比下跌 54.55%。

区块链技术在金融业的应用，有巨大的发展空间，但还有很多问题需要解决：在技术方面，目前系统的性能较低、区块链网络的稳定性待定、区块链人才较少；在安全层面，新技术漏洞可能未被发现、没有完善的风险防控保护机制；在系统整合方面，分布式新架构会对传统的系统和架构产生冲击，去中心化的理念，与传统管理模式、思维模式和社会的关系模式有很大的差异。

我们在看到区块链在金融产业广泛应用前景的同时，也要看到摆在面前的严峻事实：区块链作为一项技术在进行一项跨领域的应用，技术的特性和优势要用来解决企业和社会治理所面临的具体问题时，还需认真管理好技术落地这一步。行业内出现了诸如"骗子伪装成官方客服套私钥"的乱象，极有可能引发集体性滋事事件。

德勤区块链中国发起人秦谊曾表示："区块链总体来讲还处在一个泡沫期，从某些角度来讲，中国大众对于新事物的接受意愿和能力导致了国内区块链泡沫的显著存在，比如说现在国际上开新科技的大会，只要有区块链的论坛，东亚和中国的参与者是最多的，也是最积极的。"

四、"链币分离"成趋势

继节点资本等垂直投资机构之后，不少知名天使机构开始试水区块链投资。大额投资事件增多，成为区块链企业融资的新特征。

链虎财经发布的调查报告显示，在2013年之前，在区块链的早期阶段，关注区块链的投资机构仅为3.6%。2016—2017年，全球大型金融企业展开对区块链技术的研究之后，投资机构才开始真正关注区块链。该报告称："投资机构对未来区块链的投资偏好呈现两极分化。已经投资过区块链的机构未来半年有更强烈的继续投资意愿，而此前尚未投资过区块链的机构，更多选择观望、等待时机。"

2018年年初，区块链市场的主流买家发生改变：最初的投资格局是以垂直投资机构为主，市场逐渐明朗以后，一些知名投资机构也加入战局。

ICO作为区块链界的IPO（首次公开募股），其所引发的诈骗事件让区块链备受争议，知名投资机构因此对于区块链的态度都特别谨慎。在一些知名天使投资人看来：尽管目前市场上和区块链相关的项目不少，但靠谱的项目并不多，最终能够获得投资人青睐的，一定是基于区块链思维进行行业深度改造的项目。

2018年2月中旬，国内第一家比特币交易平台比特币中国易主，曾在币圈引起不小震动。原四大股东全部清仓套现，将股权转让给香港一家投资基金。从退出角度来看，接盘方的出现或许是区块链投资升温的重要原因。

现阶段，垂直投资机构依然是区块链企业最重要的买家。过去5年间，投资区块链企业数量最多的机构是节点资本，共投资了33家区块链企业。其次是硬币资本、连接资本和分布式资本，分别投资了24家、14家和12家区块链企业。

随着区块链投资的升温，大额投资作为一种新的投资风向迅速出现。有数据显示，2013—2017年，百万级的投资事件为中国区块链股权投资的主流，随着区块链热度集体上升，千万级、亿级投资事件呈现出稳定增加的趋势。大额投资之风渐起，释放了投资机构对区块链的关注和信心增加的信号，或将引起资本的进一步涌入。而过度的资本炒作，或将使得区块链金融应用滋生泡沫。

有些连股票都没买过的"币圈客"，对投资没有基本概念就冲进了币市，他们没有充分认识加杠杆的后果，如果杠杆爆仓，基本不可能有二次募资的信用能力。

实际上，"链币分离"已经成为不少业内人士的共识。有资深分析师认为："区块链在实体经济落地案例加快涌现，区块链应用的1.0阶段是以比特币为代表的虚拟货币，2.0是应用在金融行业，3.0阶段将是为实体经济服务。从获投细分行业来看，投资主要分布在区块链技术、区块链应用、区块链资产等细分领域。"

目前，区块链技术在金融行业的应用还处于初步阶段。在区块链迅速发展的背景下，中国顺应全球化需求，积极推动国内区块链的相关领域研究、标准化制定以及产业化发展。

第四节　区块链在金融科技领域如何落地

　　区块链是金融科技领域最具挑战性的创新之一，因为区块链从根本上颠覆了传统金融的固有逻辑、运行模式和业务范围，突破了条条框框的限制，踏入一系列全新的应用领域。具体的应用体现如下：

一、银行业的应用

　　区块链技术最先涉足的领域，就是钱包和支付，这也是银行业传统的业务范围。

1.跨境支付

　　2013 年 10 月创立的 Circle，该公司成立后迅速获得大量融资，成为数字密码货币领域资金最为充足的公司之一。

2015 年，高盛和 IDG Capital Partners 领投，为 Circle 融得了 5000 万美元的资金。2016 年 6 月，Circle 获得了中国投资商领投的 6000 万美元，并且声明已在中国组建本土团队，同百度、光大达成战略合作。

Circle 利用比特币区块链交易，可以在世界范围内提供即时、免费的资金转账。Circle 希望利用比特币作为免费的互联网支付网络，使各国法定货币在全球范围内毫无阻碍地顺畅流转。

尽管各国对支付系统的监管结构比较复杂，Circle 和各国的合作还是取得了进展。2016 年 4 月，Circle 获得英国金融行为监管局（FCA）颁发的首个电子货币许可证。随后，Circle 宣布与巴克莱银行建立合作关系，正式进军英国市场。

Circle 同苹果公司合作，在 iOS 10 系统中，苹果的 iMessage 支持用户使用 Circle 的比特币支付系统。Circle 首席执行官杰里米·阿莱尔表示："iMessage 允许支付服务接入将会使消费者从中受益，若为了支付单独安装一个 App 难度比较大，并且和朋友间的转账支付行为也要经过复杂的设置过程，但直接接入 iMessage 服务中就简化了许多。"

区块链在跨境支付方面的优势：低成本、实时交易、安全性高。

2.智能票据

采用区块链去中心化的分布式账本，改变了现有的系统存储和传送结构，建立起更加安全的运行模式，解决了伪造票据的问题。

通过时间戳完整反映票据从产生到消亡的过程，可追溯历史的特性，使这种模式具有全新的连续背书机制，真实反映了票据权利的转移过程。

基于区块链的票据业务具有以下几方面的优势：从道德风险来看，区块链由于具有不可篡改的时间戳和全网公开的特性，一旦交易，将不会存在赖账现象；从操作风险看，由于电子票据系统是中心化运行的，一旦中心服务器出现问题，则对整个市场产生灾难性的后果。而借助区块链中的分布式和非对称加密算法，人为操作产生的风险将几乎为 0；从市场风险来看，借助区块链的可编程性，不仅可以有效控制参与者资产端和负债端的平衡，还可以借助数据透明的特性，真实地反映整个市场交易价格对资金需求，形成更真实的价格指数，对控制市场风险很有利。

3. 银行结算

在银行结算过程中，银行既是商品交换的媒介，也是社会经济活动中清算资金的中介。区块链在银行结算方面的优势：安全、方便、智能。

国内银行主要依靠存贷差盈利，跨国银行的一半盈利都来源于中间结算业务，对于它们而言，如果开辟新的业务领域、合理降低结算成本，显得尤为重要。

VISA 是世界最大的信用卡公司，数字密码货币必然对其信用卡支付业务带来冲击，然而 VISA 对于电子货币和区块链却采取了开放的态度。

2015 年 10 月，VISA 和 DocuSign 联合推出了一个项目，使用比特币区块链来记录保管租车数据。该项目可以让消费者在车内配置租赁、保险和其他每天日常采购的项目，用户可直接使用 VISA 卡进行支付。

银行内部发行数字密码货币，除了在既有的业务上利用区块链技术进行改造之外，为了降低运营成本，世界各大银行也纷纷推出了自己的加密数字货币计划。

二、证券投资市场应用

在证券交易市场应用区块链技术，不仅可以加快清算和结算的速度，还可以减少金融机构需要维护的账面数量，确保审计跟踪更加精确。

1. 证券交易

2015 年下半年，纳斯达克交易所推出了交易平台 Linq，该交易平台是基于比特币交易技术，用于一级市场公司的交易。纳斯达克区块链战略负责人弗雷德里克·沃斯确信基于区块链技术所提供的高效率，将能够大幅度提升 Linq 作为私人股权交易平台的优势。区块链技术将使它向前发展一大步，应用区块链技术将大幅减少失误的可能。

2. 股权众筹

Kickstarter 是世界上第一家基于区块链技术的众筹平台，该平台的运作方式是一种典型的平台商业模式，该平台的一方用户是渴望进行创作的人，另一方面则是拥有部分资金并愿意对新的创意提供资助的人，希望新的创意变成现实是双方共同的愿望。众筹平台可以通过创建自己的数字资产筹集资金，通过分发自己的"数字股权"给早期支持者，作为投资者获得支持初创金融科技公司所获股份的凭证。

区块链众筹平台通常的结构组成为：最底层是区块链网络构建的一个去中心化的分布式总账，中间层为业务逻辑与区块链结合，共同建立账户中心、股权登记、股权交易等功能，最上层为各个众筹平台面向客户提供的服务。

在国内，小蚁是首家利用区块链技术来登记公司股权的公司。小蚁在底层逻辑和各种细节上，能达到我国法律合规并对接实体世界确实不容易，小蚁有潜力成为切实可行的区块链应用。

小蚁是基于区块链技术，通过点对点网络进行登记发行、管理、交易各种权益份额的区块链协议，为初创金融科技公司提供数字化股份激励方案，为股权众筹公司提供股权管理方案，在未来，会过渡到股权的可交易，逐步模糊上市和非上市公司的界限。

在股权众筹方面，区块链的优势体现在：跨越时空限制，优化众筹组织，合理股权、利益分配。

三、保险业应用

近年来，保险行业发展十分迅速。但是，随着监管政策不断收紧，万能险业务规模大幅下滑，我国保险业迈入转型发展的关键节点。在保险市场的产品、理赔、反欺诈等环节，应用区块链技术，对重塑保险行业新生态起到了巨大的作用。

1.区块链技术在保险产品设计环节的应用价值

在保险产品设计环节，区块链技术对于定制化属性较强的保险品类有快速促进作用。在传统模式下，农业保险由于评估流程复杂、成本较高等原因，制约了该险种的发展。畜牧业保险中的生猪保险，养殖户有为生猪投保意向时，保险公司必须现场评估风险后才能确定是否承保。应用区块链技术，保险公司可以借助"猪脸识别"技术为每头猪建立可辨识的编码，实时监测猪的生长状况，据此判断猪的健康状况，可以有效地预防疫病发生。

2.品质保险能够为企业信誉背书

保险公司承保品质保险需要对企业、产品进行综合评估，但是收集的评估数据往往很难保证真实有效，从而制约了品质保险的发展。借助区块链技术，可以帮助保险公司通过溯源防伪平台，追溯产品生产、销售、购买等各个环节的信息，有效判断产品的质量缺陷发生率，从而制定保险产品，促进消费升级和产业升级。

3.应用区块链技术，可以简化销售流程，节省销售成本，实现保险销售溯源

从保险公司的角度看，意愿投保人通过渠道购买保单，渠道商将投保人信息统一发送到区块链平台，平台根据分布存储的信息判断意愿投保人是否符合标准，简化了传统模式下受理、审核等烦冗的流程；从消费者角度看，区块链技术可以实现保险销售行为可溯源，维护消费者合法权益。保险销售市场乱象丛生，不可避免地存在虚假宣传的现象。区

块链技术可以将保险销售的关键动作上链，实现全流程的销售动作可追溯，从而规范保险销售行为。

4.应用区块链技术，能够提高理赔效率

理赔和损失处理是保险市场的重要流程，复杂的理赔流程增加了成本，影响了客户体验。智能合约技术可以简化索偿程序，减缩短处理周期，提高用户体验。

5.应用区块链技术可以防止骗保事件的发生

尽管各个保险公司在保险反欺诈方面做了很大的努力，但现实情况依然很严峻。保险欺诈损害用户的合法权益，也侵蚀保险公司的利润。应用区块链技术，可以建立反欺诈共享平台，通过历史索偿信息减少欺诈，也可以通过建立"唯一可识别的身份信息"，防止冒用身份。

第五节　区块链和通证经济

2018 年 8 月，Penta 官方宣布，Penta 已成功完成用其 Token 对澳大利亚主板上市的物联网公司 CCP Technologies 股份的战略投资，该收购已获得澳大利亚证监会批复。可以说，这是全球首例用加密货币收购上市公司的案例。

此消息一出，立即引起市场的广泛关注。以 Token 换股权，是区块链世界和实体经济世界互相渗透和融合的有益尝试。无论在区块链行业还是在传统经济领域，都还是比较新鲜的事物。

一、什么是 Token

token 本来是"令牌、信令"的意思。IBM 曾经推过一个局域网协议，叫作 Token Ring Network，即令牌环网。网络中的每一个节点轮流传递一个令牌，只有拿到令牌的节点才能通讯，令牌就是一种权利，或者说权益证明。随着区块链概念的普及，"token"被广泛译为"代币"。其实 token 可以代表任何权益证明，并不仅仅限于代币，所以 token 被译为代币具有一定的局限性。我们可以用一个更恰当的方式来定义，token 是可流通的加密数字权益证明，简称通证。

通证有三个要素，缺一不可：一是数字权益证明，通证必须是以数字形式存在的权益凭证，它必须代表的是一种权利；二是加密，密码学赋予了通证真实性、保护隐私等能力，每个通证就是由密码学保护的一份权利；三是可流通，通证必须能够在一个网络中流动，从而随时随地可以验证。

通证可以代表一切权益证明，身份证、学历文凭、货币、股票、债券等人类社会权益证明，都可以用通证来代表。人类社会的全部文明，可以说就是建立在权益证明之上。如果这些权益证明全部数字化、电子化，并且以密码学来保护和验证，那么对于人类文明将是一个巨大的创新和进步。

二、通证和区块链

通证是区块链最具特色的应用，不发 token，区块链的魅力和威力就大打折扣。

区块链和通证，两件事情是完全独立的。区块链为通证提供了坚实的信任基础，它所达到的可信度，是任何传统中心化基础设施都提供不了的，这是因为：区块链是个天然的密码学基础设施，在区块链上发行和流转的通证，天然就是密码学意义上的安全可信；区块链是一个交易和流转的基础设施。通证之"通"，就是要具有高流动性，而这正是区块链的一个基本能力；通证要有内在价值和使用价值，而区块链通过智能合约，可以为通证赋予丰富的、动态的用途。

值得注意的是，并不是所有的应用都有必要放在区块链上的，比如聊天、听音乐、写博客等应用，就没有必要放在区块链上，放在区块链上的应用就是涉及价值交换、权益管理之类的应用。

三、通证经济是下一代互联网的数字经济

在区块链行业，通证经济已然成为"新宠"。很多业内人士认为：token 是一个可以和"公司制"比肩的伟大发明。它的伟大在于以互联网为基础，利用区块链技术，可以触达任何人的价值传输的网络，解决了价值流动性的问题。

通证启发和鼓励大家把门票、合同、证书、证券等各种权益证明通证化，放到区块链上流转，放到市场上交易，让市场发现其价格，同时在现实经济生活中可以消费、可以验证，紧贴实体经济。所以说，所谓的通证经济，就是把通证充分用起来的经济。

如果用一句话定义通证经济，也许用"以区块链的技术为基础，通过经济正向激励和反向激励来实现人与人大规模的强协作"更为贴切。

通证经济作为新宠，很多人对其认知并不多，但这并不影响通证经济的巨大魅力及强大的功能。

通证经济的重要性比区块链的基础设施更加重要。20 年来的互联网

经济，其价值重构和价值创造的速度和规模都远远超过互联网基础设施。通证立足于实体经济、为实体经济服务。

通证经济为什么能够带来新一轮数字经济革命，这个可以从以下几点进行分析：

（1）通证的供给充分市场化，任何人、任何组织、任何机构都可以基于自己的资源和服务能力发行权益证明，通证是运行在区块链上，随时可验证、可追溯、可交换。

（2）与比以前的卡、券、票相比，区块链上的通证可以快数千倍的流转，而且由于密码学的应用，这种流转和交易极其可靠，将数千倍地降低纠纷和摩擦。传统经济时代，衡量社会经济发展的一个重要指标是货币流转速度，那么在互联网经济时代，通证的总流通速度将成为最重要经济衡量指标之一。当我们每个人、每个组织的各种通证都在飞速流转、交易的时候，我们的生产和生活方式将完全改变。

（3）由于通证高速流转和交易，在市场上，每一个通证的价格都将获得迅速的确定，这个就是通证经济的看不见的手，它将把有效市场推到每一个微观领域中。

区块链解决陌生人的信任问题，通证经济促进了区块链的繁荣，二者结合会开启新的数字经济时代。

第六节　证券型通证

2017 年新一波 ICO（首次币发行）大热潮的到来，让更多主流金融玩家开始关注加密币市场。但是，由于监管的漏洞与加密数字货币行业的跨地域等特定属性，行业内也出现了大量的欺诈现象。各国政府对于加密数字货币的态度也从谨慎乐观趋向谨慎。STO（Security Token Offering），即证券型通证发行这一概念也应运而生。

STO 隶属于证券，整个发行流程都会受到证监会的监管。STO 不仅将 ICO 合法化，还将固定资产通过上链的方式连接起来。

据了解，金融监管机构部门和企业家正在为证券建立数字通证铺平道路，设计关键基础设施。根据现在的发展态势，预计到 2025 年，证券型通证将主导大部分加密货币市场。

一、什么是证券型通证

证券通证是具有货币价值的可交易金融工具，是符合美国 SEC 监管规定的金融证券。证券通证可以为投资者带来一系列的金融权益，融合了证券、股息、利润分红、股东投票权、回购权利等。证券型通证通常都有真实资产作为支持，比如资产权益、信托产品、收益权、房产、知识产权等。

证券型通证被细分为两类：权益通证和资产通证。

权益通证代表了一种资产的所有权，它使创业公司能够通过发行通证来募集基金，从某种意义上说，它消除了创业公司进入金融市场的障碍。

资产通证通常都与真实世界的资产相连，通过通证化的机制，投资者能够只投资资产中的一小部分而不是整体投资。

目前，STO 的应用场景非常广泛，比如：

私募股权融资。将标的公司股权 token 化后，更多投资者可以购买较小的交易单位，标的公司可以在较短时间内完成融资。

房地产。应用 STO，某一房地产可以在区块链上作好数字标记，分成相应份额，在数字交易所发行和流通。

艺术品投资。一幅名画被分割后肯定毫无价值，应用 STO 后，名画可以被标记为数字资产，名画对应的数字证券份额可以任意分割，买不起一幅名画的人，就可以更容易地参与艺术品投资。

黄金。应用 STO，大额黄金可以在无须运输和保管的情况下，解决黄金的投资问题。

二、通证化证券的意义

降低证券治理和发行成本。数字所有权可以编程，也可以将股息支付、归属期、股东投票等任务，变为通过 token 本身的代码实现自动化。证券成为一种计算机程序，可以在消除中间人的情况下，与其股东和其他组织进行交互，从而降低治理和发行的成本。

全天候交易。主要证券市场的资产结算，一般都在上班族的正常工作时间之中进行，区块链没有停机时间，所以可以全天候交易结算业务。

比如，澳大利亚证券交易所，该交易所在 T+2 个工作日内实施结算，也就是说，在交易后的 2 个工作日，资产才被最终结算，所有权才会转手。而在区块链上，所有权从一个实体转移到另一个实体几乎即时的。

去中介保证的可信的所有权。通证化证券的所有权完全由区块链管理，证券所有人可通过只有自身才可以访问的钱包，来实现拥有在线持有资产的能力。因为通证本身已被编程，即使密码被泄露，也不用担心资产被盗取。

部分所有权。证券通证是可拆分的，也就是说，高价值的单一的通证投资可以被拆分。以房地产为例，商店所有者可以将一些房屋股权出售给投资者，自己也可以拥有商店的一部分股权，每个人的资产分配中的财产风险将可以进行更细化的管理。

三、STO 取代 ICO

目前，一些面对 ICO 时选择按兵不动的传统交易所，以及一些大型的数字货币交易所，都开始布局 STO，STO 或成投融资新方式。

从 STO 的属性来看，相较于 ICO，它更接近于传统证券市场的 IPO。未来，如果 STO 有了相对成熟的落地，受到挑战的应该是传统证券市场，而不是目前的数字货币市场。目前普遍存在的 IPO 募资方式，因为其门槛较高，很少有企业能够熬到上市。同时，IPO 运作周期较长，并不适用于募资需求急迫的企业。

ICO 虽然降低了募资的门槛，简化了募资流程，但是随着包括中国在内的绝大多数国家对 ICO 采取的强监管态度，ICO 融资方式前景黯淡。

而 STO 与 IPO 所代表的企业股权，ICO 所代表的项目 token 均有所区别，它所代表的资产是真实存在的。

与 ICO、IPO 相比较，STO 似乎是企业募资的理想方式。STO 避免了 IPO 募资方式的高门槛和复杂性，又因为实物资产的证券抵押降低了 ICO 存在的投资风险，同时也为许多早期融资需求较为明显的企业，提供了分销股权和债权的渠道。

虽然从目前环境来看，STO 似乎难以还原 IPO、ICO 早期出现的火爆场景，但 STO 资产证券化浪潮并非无根之水，究其原因大概有以下几个方面：

大众投资需求觉醒。ICO 的热潮在很大程度上觉醒了大众的投资意识，投资需求迫使行业选择更符合当下的投资方式，STO 无疑是目前最符合的投资代表。

IPO 退出模式周期长，成本高。STO 能够提供更简洁的投资流程，降低交易成本。

STO 是传统证券市场通证化改造的产物，仍符合当前的监管预警，并不会遭遇强监管带来的负面影响。

无论怎样，在数字货币行业，传统交易所积极布局 STO 的证券化趋势已经是不可逆转的了。

四、STO 存在的问题

虽然 STO 正成为传统融资方式强大而有价值的替代方，但这种募资方式也存在一定的问题。这是一个新兴市场。第一个STO完成还不足两年，我们还没有成熟的案例可供参考，STO的优势或者表现需要时间来检验；监管机构可以通过合规性裁决影响市场。按照目前的情况，对证券通证的监管比较严格，程序及条件也较为苛刻；运行STO需要企业创建和管理通证。证券通证不可避免地会受到黑客攻击，获得网络安全技能和技术保障是成功的关键。

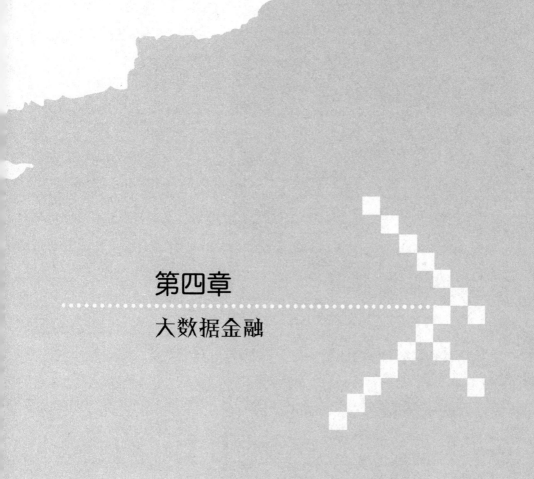

第四章

大数据金融

第一节　什么是大数据金融

　　大数据时代已经来临，根据数据的多样性，在巨量信息中提取有价值的信息应用于各个领域，为各行各业的人提供定制化的服务。在各个行业中，金融业是最依赖于数据的重要领域之一，而且最容易实现数据的变现。

一、什么是大数据

　　大数据科学家John Rauser曾这样定义大数据："大数据就是任何超过了一台计算机处理能力的庞大数据量。"简单来说，大数据就是一个体量特别大、数据类别特别多的数据集，而且用传统数据库工具，无法对数据集内容进行抓取、管理和处理。

大数据从结构上，可以分为结构化数据、非结构化数据以及半结构化数据。结结构化数据，是可以用二维表结构来逻辑表达实现的数据；非结构化数据是数据结构不规则或不完整，没有预定义的数据模型，不方便用数据库二维逻辑表来表现的数据。包括所有格式的办公文档、图片、各类报表、视频和音频信息等等；半结构化数据指结构不规则的数据，比如声音、图像文件等之间的数据。通常情况下，它是自描述的，数据的结构和内容混在一起，没有明显的区分。

大数据具备以下几个特点：一是数据体量大，大数据是指规模一般在 10TB 左右的大型数据集。在实际应用中，一些企业会把多个数据集放在一起形成 PB 级的数据量。二是数据类别丰富，数据来自多种数据源，冲破了以前所限定的结构化数据范畴，囊括了半结构化和非结构化数据，数据类型不仅是文本形式，更多的是图片、视频、音频等多类型的数据。三是数据处理速度快，在数据量非常庞大的情况下，数据处理遵循"1 秒定律"，可以从各种类型的数据中快速获得高价值的信息。四是数据真实性高，随着社交数据、交易与应用数据等新数据源的兴起，打破了传统数据源的局限，企业需要有效的信息以确保其真实性及安全性。

大数据的价值，就是从庞杂的数据中挖掘和分析用户的习惯，找出更符合用户消费偏好的产品和服务，同时结合用户的需求有针对性地调整和优化自身产品。

二、大数据金融

大数据金融是利用大数据技术，突破、革新并发展传统金融理论、金融技术和金融模式的一种全球性趋势。大数据金融重塑了银行业、保险业、证券投资业等金融行业的核心领域，不仅推动了金融实务的持续创新，更催生了金融模式的深刻变革。与传统金融相比，大数据金融具备以下几个方面的特征：

1. 网络化的呈现

在大数据金融时代，大量的金融产品和服务通过网络来展现。其中，移动网络将会成为大数据金融服务的主要通道。随着大数据技术的不断发展，以及法律、监管政策的完善，在未来，将会有更丰富金融服务服务通过网络呈现。支付结算、网贷、众筹融资、现金管理、金融咨询等都将主要通过网络实现，金融实体店将大量减少，其功能也将逐渐转型。

2. 基于大数据的风险管理理念和工具

在大数据金融时代，风险管理理念和工具也将调整。比如在风险管理理念上，将降低财务分析、可抵押财产或其他保证的重要性。交易行为的真实性、信用的可信度通过数据的呈现方式将会更加重要。基于数据挖掘的客户识别和分类将成为风险管理的主要手段，动态、实时的监测将成为风险管理的常态性内容。

3. 信息不对称性大大降低

在大数据金融时代，消费者和金融产品和服务的提供者之间，信息不对称程度大大降低，消费者可实时获知某项金融产品和服务的相关信息。

4. 高效率性

高效率性是大数据金融的主要特征，许多流程和动作都是在线上发起和完成。同时，强大的数据分析能力可以大大提高金融业务的效率，交易成本也会大幅降低。

5. 低成本性

就金融企业而言，由于效率提升，其经营成本肯定随之降低。基于大数据技术，金融从业人员个体服务对象会更多。也就是说，金融企业从业人员会有减少的趋势。

6.普惠金融

大数据金融的高效率性，使金融服务更接地气。比如，普通消费者可以享受极小金额的理财服务、存款服务以及支付结算服务等，甚至极小金额的融资服务也会普遍发展起来。金融深化在大数据金融时代完全实现。

三、大数据金融的模式

目前，大数据金融有平台金融和供应链金融两种模式。以大数据为基础，建立在传统产业链上下游的企业通过资金流、物流、信息流组成了供应链金融，建立在 B2B、B2C 或 C2C 基础上的现代产业通过在平台上凝聚的资金流、物流、信息流组成了平台金融。

1.平台金融模式

平台金融模式是基于电商平台基础上形成的大数据金融，通过云计算和模型数据处理能力而形成信用或订单融资模式。与传统金融模式不同，阿里小贷等平台金融模式主要基于对电商平台的交易数据、社交网络用户信息和购物行为习惯等大数据，形成网络商户在电商平台中的累积信用数据，通过电商所构建的网络信用评级体系和金融风险计算模型及风险控制体系，批量快速高效向网络商户发放订单贷款或者信用贷款。

2.供应链金融模式

供应链金融模式是企业利用自身所处的产业链上下游，充分整合供应链资源和客户资源而形成的金融模式。京东商城就是供应链金融模式的典型代表，作为电商企业，京东并不直接开展贷款的发放工作，而是通过京东商城所累积的供应链上下游的大数据金融库，为其他金融机构提供融资信息与技术服务，把京东商城的供应链业务模式与其他金融机构链接，共同服务于京东商城的电商平台客户。在供应链金融模式当中，电商平台只提供大数据金融，不承担融资风险及防范风险等。

四、大数据金融的优势

1. 交易成本低，客户群体大

以大数据为基础的资金融通，是以大数据自动计算为主，成本低廉，不仅可以针对小微企业金融服务，也可以根据企业生产周期决定贷款期限。大数据金融不仅整合碎片化的需求和供给，也可以服务数以千万计的中小企业和中小客户，进一步拉低了大数据金融的运营与交易成本，边际成本低、效益好。

2. 放贷快捷

基于大数据的金融业务，任何时点都可以通过计算得出信用评分，并通过网上支付方式，实时根据贷款需要及其信用评分等大数据来放出贷款。由于是建立模型根据每家企业的信用评分及不同生产流程进行放贷，大数据金融不受时空限制，能够较好地匹配期限管理，可针对不同企业的个性化融资要求，快速高效地做出相应的金融服务。

3. 风险管理和控制能力强

由于平台贷和供应链贷款都是在大数据金融库里闭环的产业上下游系统内部进行的，贷款方熟悉产业运作及风险点，掌控能力强，便于预警和防范风险。建立在大数据金融基础上的风控科学决策，能有效降低不良贷款率。大数据金融的信息处理和数据模型优势，不仅可以替代风险管理、风险定价，甚至可以自动生成保险精算。

企业可以通过大数据金融创新商业模式和盈利模式，可以通过掌控大数据金融而获得在产业链中的核心地位。大数据金融带来的金融创新支持了数千万家中小企业的发展，促进了我国经济结构调整和转型升级。大数据金融战略是企业的战略选择，在产业和国家层面也成为战略抉择。

第二节　大数据在金融行业的应用

从投资结构来看，在金融类企业中，排在第一位的是银行，其次是证券和保险。大数据在金融行业的应用，主要表现在银行、保险和证券方面。

一、银行大数据应用

在国内，随着大数据技术的发展，不少银行已经尝试通过大数据来驱动业务运营，比如中信银行信用卡中心使用大数据技术实现了实时营销，招商银行利用大数据发展小微贷款。总的来说，银行大数据应用表现在以下几个方面：

1. 客户画像

客户画像应用主要分为个人客户画像和企业客户画像。个人客户画像包括消费能力数据、兴趣数据、风险偏好等，企业客户画像包括企业的生产、运营、财务、销售和相关产业链上下游等数据。其实，因为银行拥有的客户信息并不完整，很多时候，基于银行自身拥有的数据难以得出理想的结果。比如，某位信用卡客户月均刷卡8次，平均每年打4次客服电话，从来没有投诉过，按照传统的数据分析，这是一位流失风险较低的客户。但是从该客户微博得来的消息却是：因为工资卡和信用卡不在同一家银行，还款不方便，打了多次客服电话都没接通，客户多次在微博上抱怨，综上信息，该客户是个流失风险较高的客户。

因此，银行不仅要考虑银行自身业务所采集到的数据，更应整合外部更多的数据，以扩展对客户的了解。这些外部数据包括：客户在电商网站的交易数据，比如阿里金融为阿里巴巴用户提供无抵押贷款，用户只需要凭借过去的信用即可；企业所在产业链的上下游数据，如果银行掌握了企业所在的产业链上下游的数据，就可以更好掌握企业的发展情况，预测企业未来的状况；其他有利于扩展银行对客户兴趣爱好的数据，比如目前正在兴起的DMP数据平台的互联网用户行为数据。

2. 精准营销

银行在为客户精准画像的基础上，可以有效地开展精准营销。营销方式包括以下几个种类：

（1）实时营销。根据客户的实时状态来进行营销即为实时营销，比如根据客户最近一次消费等信息，可以有针对地进行营销。比如某客户采用信用卡采购婴儿奶瓶，可以通过建模推荐尿不湿等婴儿类业务；也可以将换工作、结婚等改变生活状态的事件视为营销机会。

（2）交叉营销。即不同业务或产品的交叉推荐，比如银行可以根据用户交易记录分析，有效地识别小微企业客户，然后用远程银行来实施交叉销售；个性化推荐。银行可以根据客户的喜好提供服务和产品推荐，比如根据客户的年龄、理财偏好等，对客户群进行精准定位，进而有针对性地营销推广。

（3）客户生命周期管理。客户生命周期管理包括新客户获取、客户防流失和客户赢回等。比如招商银行通过构建客户流失预警模型，对流失率等级前 20% 的客户发售高收益理财产品进行挽留，有效地降低了金卡和金葵花卡客户流失率。

3. 风险管控

包括中小企业贷款风险评估和欺诈交易识别等手段。

（1）中小企业贷款风险评估。银行可通过企业产品的销售、财务等相关信息，采用大数据技术进行贷款风险分析，量化企业的信用额度，更有效地进行中小企业贷款。

（2）实时欺诈交易识别和反洗钱分析。银行可以利用持卡人基本信息、交易历史、客户行为模式等，结合智能规则引擎进行实时的交易反欺诈分析。比如摩根大通银行利用大数据技术，追踪盗取客户账号或侵入 ATM 系统的罪犯。

4. 运营优化

银行运用大数据技术，有效地进行运营优化，主要表现在以下几个方面：

（1）市场和渠道分析优化。通过大数据，银行可以监控不同市场推广渠道的质量，从而调整和优化合作渠道。也可以分析哪些渠道更适合推广哪些银行产品，优化渠道推广策略。

（2）产品和服务优化。银行可以将客户行为转化为信息流，从中分析客户的个性特征，更深刻地理解客户习惯，分析和预测客户需求，从而进行产品创新和服务优化。比如，兴业银行通过挖掘还款数据区分优质客户，提供差异化的金融产品和服务方式。

（3）舆情分析。银行可以抓取社区、论坛和微博上关于银行产品和服务的相关信息，进行正负面判断，尤其是及时掌握银行产品和服务的负面信息，及时发现和处理问题。对于正面信息，可以继续强化。银行也可以抓取其他银行正负面信息，了解并借鉴同行做得好的方面，优化自身业务。

二、保险行业大数据应用

在传统保险业务中，业务开拓的关键因素是个人代理渠道、代理人素质及人际关系网。随着互联网、移动互联网以及大数据的发展，网络营销、移动营销的作用将会日趋显现，保险公司逐渐意识到大数据在保险行业中的作用。保险行业的大数据应用可以分为以下几个方面：

1. 客户细分和精细化营销

（1）客户细分及提供差异化服务。风险偏好是确定保险需求的关键，风险偏好不同的人，对于保险需求的态度也不同。通常情况下，风险厌恶者有更大的保险需求。对客户进行有效的细分时，除了风险偏好数据外，要结合客户职业、家庭结构、消费方式等偏好数据，利用机器学习算法对客户进行分类，针对不同的客户提供不同的产品和服务。

（2）潜在客户挖掘及流失用户预测。保险公司可通过大数据整合客户的相关行为，通过数据挖掘对潜在客户进行分类，细化销售重点。通过大数据挖掘，综合考虑客户的信息、险种信息、历史出险情况等，筛选影响客户退保或续期的关键因素，预测客户的退保概率或续期概率，对高风险流失客户及时预警，并及时制定挽留策略。

（3）客户关联销售。保险公司通过关联规则可以找出最佳险种销售组合，从而建立既有保户再销售清单与规则，促进保单的销售。运用大数据技术，保险业可以直接锁定客户需求。以淘宝运费险为例，用户运费险索赔率在 50% 以上，保险公司的利润只有 5% 左右，但是很多保险公司都愿意提供这种保险。因为客户购买运费险后，保险公司就可以获得该客户的个人基本信息，了解客户购买的产品信息，从而实现精准推送。比如客户的退货是婴儿奶粉，使用关联规则，就可以向客户推荐儿童疾病险、教育险等利润率更高的产品。

（4）客户精准营销。保险公司可以通过收集互联网用户的各类数据，比如购物行为、浏览行为等行为数据，以及兴趣爱好、人脉关系等社交数据，可以进行定向广告推送，实现精准营销。

2. 欺诈行为分析

根据企业内外部交易和历史数据，预测和分析欺诈等非法行为。

（1）医疗保险欺诈与滥用分析。通常情况下，医疗保险欺诈与滥用分为两种，一是保险欺诈，二是医疗保险滥用，即在保额限度内重复就医、浮报理赔金额等。保险公司利用历史数据，找出影响保险欺诈的因素及这些因素的取值区间，并建立预测模型，快速将理赔案件依照滥用欺诈可能性进行分类处理。

（2）车险欺诈分析。保险公司利用历史欺诈事件建立预测模型，将理赔申请分级处理，可以有效地解决车险欺诈问题。

3. 精细化运营

（1）产品优化，保单个性化。在传统保险业务中，没有精细化的数据分析和挖掘的情况下，保险公司把很多客户都放在同一风险水平，客户保单不能完全解决客户的各种风险问题。运用大数据技术，保险公司可以解决现有的风险控制问题，为客户制定个性化的保单，获得更准确、更高利润率的保单模型，给客户提供个性化的解决方案。

（2）运营分析。基于企业的数据分析，借助大数据平台，可以统计和预测企业经营和管理绩效。基于保险保单和客户交互数据进行建模，借助大数据平台，可以分析和预测新的市场风险、操作风险等。

（3）代理人甄选。根据代理人员业绩数据、性别、年龄、其他保险公司经验等信息，找出销售业绩相对最好的销售人员的特征，优选高潜力销售人员。

三、证券大数据应用

大数据时代，券商们已经意识到大数据的重要性。与银行和保险行业相比，证券行业对于大数据的研究与应用还处于起步阶段。证券行业的大数据具有高维度、动态以及强随机性等不确定特征，且多数为非结构化数据。大数据技术在证券行业，从"初步提取"到"深度挖掘"还有漫长的路需要探索。目前国内外证券行业的大数据应用大致表现在以下几个方面：

1. 零售业务

证券公司的基础业务就是零售业务，运用大数据技术实现零售业务的数字化运营，对提高客户服务的效率及质量非常重要。证券公司对大数据应用的能力，与其业务规模息息相关。证券公司可以运用大数据技术特点，进行"去中心化"的分布式管理。在这套管理体系下，可以采用数字化的工具为员工提供精良的装备，借助制度与技术的力量，实现整个生态系统的自我纠偏和完善。

以广发证券的分布式管理体系为例，广发证券的"金钥匙"是任务分发平台，公司的互联网终端收集客户的需求，经过"金钥匙"平台的算法分析后分派到全国各地的理财顾问，对业务进行管理和优化。同时，广发证券根据公司内多平台数据资源，自主开发的"经营驾驶舱"，可以提取与业务经营相关的信息，根据各级工作人员具体的需求，为其提供不同的数据支持。通过应用大数据技术，可以有效提升公司各级管理的运营效率，大幅提升客户的服务质量。

2.资产管理业务

互联网时代，信息的多样化对市场的影响日益紧密，基于互联网文本数据与传统数据相结合进行投资的金融产品，也得到广大投资者的认可。应用大数据技术，结合传统投资模型，推出大数据基金产品，为投资者提供新的选择。随着深度学习等人工智能技术的日趋成熟，逐渐兴起了基于大数据以及人工智能算法的量化投资。这类基于大数据技术与人工智能算法的投资策略拓宽了信息获取源，提升了信息的分析深度与广度，是对传统策略的有力补充。

情绪是影响投资者股票交易的一个重要因素，正面情绪是希望，负面情绪更多表现为害怕和焦虑。麻省理工学院的学者，根据情绪词将twitter内容标定为正面或负面情绪，结果显示这两种情绪占总twitter内容数的比例，都会影响道琼斯指数、标准普尔500指数、纳斯达克指数的涨跌。

美国佩斯大学的一位博士，则追踪了星巴克、可口可乐和耐克三家公司在社交媒体上的受欢迎程度，同时比较它们的股价。他们发现，Facebook的粉丝数、Twitter上的听众数都和股价密切相关。

但是，Twitter情绪指标不能预测会冲击金融市场的突发事件。比如2008年10月13日，美国联邦储备委员会突然启动一项银行纾困计划，令道琼斯指数反弹，而在这之前，Twitter相关情绪指数毫无征兆。

随着资本市场数据规模的提升以及大数据技术的逐渐成熟，投资者将更加依赖大数据分析结果辅助决策。可以说，投资管理已成为大数据技术的下一个目标。

3.研究业务

目前，证券公司所提供的卖方研究服务中，以大数据技术为核心的量化研究将会取代部分低效的人工统计工作。总部位于芝加哥的卫星情报分析公司 RSMetrics，通过高分辨率卫星影像，对一些公共场合的停车场进行监控，估计出某个地区的客流量增长情况，帮助分析师了解公司基本面，预测销售量，预估企业运营状况。与传统分析师实地调研相比，这类借助于卫星遥感大数据的技术手段能够大幅提升工作效率与准确度。

随着大数据技术应用成本的降低，这类替代分析师人工调研的手段将得到普遍应用。大数据技术的应用，将诞生新的服务与盈利模式，推动传统研究销售业务向智能化发展。2013 年诞生于硅谷的 Kensho 公司，专注于通过机器学习及云算法搜集和分析数据，能够大大缩短投资分析时间，能够分析海量数据对资本市场的影响，并回答复杂的金融问题，能取代部分人类知识密集型的分析工作，提供快速化、规模化、自动化的分析结果。Kensho 公司为大数据技术在研究领域的成功应用，提供了非常好的范本。

4. 提高中后台工作效率

对证券市场来说，日益丰富的投资品种以及不断扩充的成交规模，使得交易、结算等中后台业务所需应对的数据规模也快速扩张，引入相关技术应对大数据，可以大幅提升工作效率。在交易领域，运用大数据技术搭建算法交易平台，能够高效地完成各种交易指令，降低交易误差，也能够为客户带来更丰富的投资机会。在结算领域，大数据技术的应用，能够为结算工作提供更快的响应速度以及更准确的匹配结果，从而确保结算业务高效、安全地运作。

与大数据在互联网行业的应用相比，大数据在金融行业的应用起步比较晚，其应用深度和广度还有很大的扩展空间。大数据在金融行业的应用有许多问题需要解决，比如银行企业内各业务的数据孤岛效应严重、大数据人才缺乏以及缺乏银行之外的外部数据的整合等问题。不过，随着金融行业对大数据渴望和重视程度的增加，未来在互联网和移动互联网的驱动下，金融行业的大数据应用将迎来突破性的发展。

第三节 大数据，大挑战

大数据技术在金融行业的应用，有效地改善了传统金融模式存在的弊端，但也存在着诸如对传统金融机构产生冲击、数据安全性有待加强以及技术决策风险系数持续升高等一系列的问题，使得大数据金融模式在实际落实过程中产生了一定的挑战与风险。

一、大数据金融面临的挑战

1.传统金融机构方面

从国家政策层面来说，为了保证金融行业的发展，国家对金融行业的监管方式及开放程度都做了相应的调整。同时，由于大数据技术的影响，一些非金融机构也加入了金融行业，对传统金融机构的市场占比造成了冲击。而且因为非金融机构占据了一定的技术优势，增大了相关部门对其监管的难度，使得金融市场竞争更加激烈，传统金融机构只得加大自身改革力度来应对困境。

2.数据安全性方面

对于金融企业而言，始终存在着网络数据安全问题，如果不能保障数据安全，就会出现数据信息泄露的可能性。各金融机构针对这一点已经制定出相应的安全措施，而且再不断地完善安全措施。但是，由于金融行业业务链条过大，任何一个环节出现问题都会对金融安全造成威胁，因此各金融机构需要持续加大对金融数据安全性的管理力度。

3.技术决策风险方面

由于大数据技术在金融行业应用起步较晚，数据库建设以及数据统计、分析等技术模块还处于起步阶段。同时，由于部分企业对结构化数据处理较为依赖，从而影响了非结构化数据处理技术的发展，使得金融机构只能通过探索的方式选择大数据技术，这就会提升技术决策的风险系数，造成技术选择不当而使金融机构产生损失。

4.人才梯队建设任重道远

人才是技术之本，与信息技术其他细分领域人才相比，大数据发展对人才的复合型能力要求更高。大数据人才不仅需要掌握计算机软件技术，还要具备数学、统计学以及应用领域的专业知识。

发达国家都很注重大数据人才的培养：英国计算机全民课程要求5～16岁学生接受启蒙和基础培训，能自己设计APPS和撰写计算机程序；美国麻省理工学院通过edX MOOC平台。发布为期四周的大数据在线学习课程可以发挥有效作用。

二、应对策略

面临大数据金融带来的风险和挑战，我们要积极找出应对策略，才能保障大数据金融的顺利发展。

1. 优化大数据金融机构发展规划

数据量过大，是现代金融行业典型的特点。金融机构应该根据大数据时代特点，对机构长远性发展进行合理规划。要以客户需求为发展基础，不断补充和完善客户的数据结构，加大业务创新的力度，为业务风险控制做好准备。

在制定客户数据结构时，要充分考虑客户基本信息、喜好以及行为习惯等内容，并对客户各项数据进行全面性分析，从而对客户进行科学评估，根据评估内容，对现有数据结构进行及时调整，形成动态化机构发展规划。

2. 加大关键技术研究与创新力度

针对大数据金融技术存在的问题，金融机构应该加大对关键技术研究与创新的力度，确保能科学地收集和管理各项金融数据，为落实金融企业信息化建设工作提供可靠保障。

由于大数据技术研究要求相对较高，所以研发企业应该加大对商业智能及人工智能的研究力度，为大数据技术研究形成良好铺垫。同时要足够重视对可视化技术、非关系型数据库管理等技术的发展，要带动移动互联技术、云计算以及物联网技术的有效结合，保证各项数据处理技术能够更加成熟。

同时，还要加快知识库技术以及网页搜索等核心技术的研发速度，保证各项单项技术产品的水平，从而为金融机构提供可靠的数据支持，降低金融机构在技术选择中所面临的风险。

3. 完善数据安全管控工作

为了确保信息数据的安全性，金融机构要强化数据安全动态监控信息，以确保数据信息安全系数的提升。在对数据实施安全管控时，技术人员要明确机构内部各项金融数据业务，要科学调控链条中涉及的各个机构，并要统一数据安全管控标准，以保证切实提升金融数据自我监督工作水平。同时，还要加大和监管机构的交流机会，保证监管机构能够对金融机构进行合理的指导，保证各项安全管理工作的顺利调整。

另一方面，金融机构的安全管控技术人员，还要加强与客户之间的交流，使客户能够掌握正确的数据使用方式以及数据安全防范方式，让客户也参与到数据风险管理之中，从而有效增强机构风险管理能力。

4.增强用户体验重视力度

一方面，大数据金融产品要以客户为出发点，要重视客户体验反馈，以提升客户对于大数据金融产品的好感度，保证产品在市场中的销售量。鉴于此，金融机构要加大对产品内容与服务方面的研究力度，可以在安全操作原则基础上，有效简化用户操作步骤，为客户提供更理想的金融服务。同时，还要利用移动网络技术，建立社交网站、微信以及移动客户端等新型销售平台，充分运用新媒体增强与客户之间的交流，及时收集客户使用意见，不断优化客户体验感受。

另一方面，要将移动金融与大数据金融有机结合，使机构可以不受时间、地点等传统产品办理因素的限制，为客户提供更加人性化、全方位的产品服务。

大数据时代，金融行业要想得到更好地发展，就需要全面性研究大数据金融模式，要深刻剖析新金融面临的风险以及挑战，要结合时代特点以及金融行业发展特点，通过优化机构发展规划、加大技术研究力度以及完善数据安全管控等手段，科学地应对和解决各项问题，保证金融行业的持续性发展。

第四节　商业银行如何应对大数据时代

2014 年，美国白宫发布了全球大数据白皮书《大数据：抓住机遇、守护价值》，鼓励使用数据推动社会进步，银行业便是深受大数据影响的行业之一。

一、商业银行大数据发展现状

1. 容量大，范围广

在大数据时代，银行业数据呈现出几何级数的增长态势。银行业在长期业务开展过程中积累了海量数据。从数据涵盖范围来看，包括以工资、消费贷款等为代表的结构化数据，以文档、音像和地理位置信息等种类繁多的非结构化和半结构化数据。

2. 难处理、难挖掘

商业银行在数据处理过程中存在很多问题，主要包括：数据治理体系化建设匮乏。现阶段，商业银行尚未形成系统的数据治理方法和体系，缺乏有效的数据分类、整理和加工；内部可用信息使用率低下。在组织内部，当前商业银行的数据处于割裂状态，缺乏顺畅的共享机制，难以实现数据的有效使用；难以充分挖掘数据资源潜在价值。由于商业银行非结构化数据占比不断上升，数据构造方法重复率高，且关系复杂，所以，难于挖掘数据资源的潜在价值。

3. 数据资产化仍在起步阶段

当前，国内商业银行现处于数据资产化的起步阶段，银行运用大数据技术以描述性数据分析为主，预测性数据建模为辅，以自身交易和客户数据为主，外部数据为辅。数据资产最主要的作用是趋势预测和决策支持，典型的应用场景集中在营销分析、内部运营和风险管控等方面。当前，我国商业银行大数据应用状况，与国际先进银行存在着巨大差距。

4. 数据应用难度大

（1）大数据技术框架。大数据技术框架的组成部分包括处理系统、平台基础和计算模型。处理系统必须稳定可靠，平台基础要解决硬件资源的抽象和调度管理问题，计算模型需要解决三个基本问题：模型的机器参数、执行行为、成本函数，扩展性与容错性以及性能优化。这些都对构建大数据技术框架提出了非常高的要求。

（2）大数据应用推进和落地。商业银行大数据应用暂时还处于探索阶段。这是因为，商业银行在新建应用系统的过程中缺乏数据思维，领域建模未得到充分重视。

（3）数据安全与个人隐私。当前，商业银行在收集、存储、管理和使用用户信息时，缺乏规范，用户无法确定自己隐私信息的用途。此外，鉴于尚未健全的金融法律法规体系，许多金融机构担心擅自使用数据会触犯监管和法律底线，可能会给自身带来声誉风险和业务风险，所以在驾驭大数据层面难以付诸实际行动。

二、大数据环境对我国商业银行的影响

1. 颠覆商业银行发展战略

传统商业银行是在市场调研的基础上，通过预测未来经济运行状况，根据决策者的经验确定其经营战略。在大数据时代，商业银行通过运用大数据分析技术，准确定位自身的服务对象和服务领域，从而使得企业战略决策更加科学有效。

2. 变革商业银行经营方式

在大数据时代，商业银行的运营方式将面临重大变革，主要体现在运营精细化、虚拟化和科学化。

海量数据将对商业银行运营方式产生深远影响，大数据处理技术将会使商业银行在客户开发、资产管理和产品创新等领域更加精细化；数据处理能力的提升将加快商业银行电子化发展进度，电子货币将会逐步取代实物货币；电子商务平台、客户自助服务终端的发展，将不断减少传统柜台服务，在未来，电子渠道将是商业银行发展的主流方向；科技进步使得商业银行将由过去的资金中介逐步向信息中介转变，由过去存贷汇服务者向信息提供者、财富管理者转变。

3. 挑战商业银行数据驾驭能力

大数据的迅速发展孕育了商业银行的繁荣局面，同时多样化的数据也给银行数据处理带来新的挑战：海量数据的集聚，这是大数据处理的第一道关口；数据类型的多样性和异构性以及建模的复杂性，这些难题

需要多样化的处理手段，但解决方案尚起步阶段；大数据的准确性处理将会成为商业银行数据应用面临的一大课题。

此外，在快速变化的金融环境下，数据的有效性、数据噪声的去除等问题都会被提出来。

三、商业银行应对大数据的经验和路径

1. 发达国家的经验

英国商业银行。英国商业银行在大数据背景下，从被动参与到主动投入，由量变不断迭加到质变，在大数据技术框架的搭建和业务演变两个方面，经过了长期的演变。大数据技术框架是由一套完整的硬件和软件设施组成，通过硬件和软件设施来挖掘和分析海量数据背后的信息；银行业务演变主要表现为：零售业务—信贷业务—中间业务，先易后难，逐步升级。由于部分商业银行受到外部环境和内部条件的双重制约，在科技、资金及人才等方面投入有限，因而在大数据时代采取渐进式发展道路。

英国商业银行有关大数据技术的应用还处于探索和试点阶段，却也取得了初步进展：将更多的新工具和新技术加入到现代化的分析环境中，进行大数据平台的基础建设；积极推出基于大数据技术的试点项目，为实体经济发展和居民生活便利提供更加高效的金融服务。

法国商业银行。法国商业银行基于整体视角，选择重点领域，在技术创新和经营方式两个方面，实现跨越式发展。在技术创新方面，突破传统技术框架，实现从数据采集到成果应用的一体化结构；在经营方式变革方面，是根据客户不同消费需求、价值预期等因素，制定出不同于竞争对手的经营策略，避免与竞争对手陷入恶性竞争。

美国商业银行。美国商业银行发展路线为"数据—信息—商业智能"。早在 20 世纪 90 年代，美国商业银行就开始建设数据仓库，运用数据挖掘和分析全方位调整管理模式、产品结构和营销模式，提高了企业风险、资产负债和客户关系管理水平。同时，美国商业银行利用成熟的科技成果，不断完善数据搜集、管理及评估方法论体系，保证了量化模型与时俱进。美国商业银行根据大数据产业特点和发展趋势，及时打破自身业务界限，确保各业务条线之间无数据壁垒，实现内外部数据的有效整合。

2.我国商业银行的路径选择和政策建议

我国商业银行采取渐进式发展路径，这是因为：目前国内大数据尚未形成普遍应用的局面，现有应用以机构内部数据为主、外部数据为辅，数据的开放和综合应用还处在起步阶段；同时，大数据理论超越了实践应用，采取渐进式路径，有助于以量变引导质变，推动商业银行稳定变革。

（1）做好顶层设计，优化组织架构。商业银行应该从战略层面将大数据能力建设纳入发展规划，组织协调业务、管理、支持保障等多个部门大数据工作推进机制。同时，积极与社交网络、移动通信等大数据平台开展战略合作，探索建立电子化金融商业模式，将金融服务与社交网络、电商、电信等深度融合。另外，在大数据时代需要商业银行各部门之间的分工协作与相互支持，构建更加高效的金融服务体系。

（2）提升大数据时代的核心能力。一是数据获取能力。就数据获取而言，商业银行除了应当搜集和整合日常经营活动中数据，还应与拥有稳定数据源的公司进行战略合作；二是数据挖掘能力。商业银行应当具备海量数据快速处理能力，不断增强数据挖掘中价值攫取能力，从而形成多元化的金融服务层次；三是数据分析能力。数据分析的主要目的在于找出隐藏在数据背后的内在规律，为整体抉择、业务经营及信息披露提供信息服务。

（3）积极培育和维护客户。商业银行要从传统的"以业务为中心"

的经营理念,向"以客户为中心"的服务模式转变:主动挖掘客户需求前景。商业银行应该通过对交易数据、多渠道交互数据、社交媒体数据等相关数据的全面分析,真正了解客户需求,并预测未来行为;创新客户关系管理新模式。通过与客户保持高频次的互动,掌握客户在金融活动中的需求和痛点,将银行内部数据和外部社交数据互联,获得更加完整的客户视图;尊重客户隐私,维护数据安全。数据采集技术的发展使得个人的隐私信息很容易被获取,商业银行在数据挖掘过程中应最大化地隐藏用户隐私。

（4）加强人才队伍建设。商业银行需要早作准备,合理界定行业人才需求范围:数据分析技术、业务目标理解和沟通管理技能。数据分析是大数据应用的核心,没有数据的分析,就没有数据价值的提取;业务目标是所有数据解决方案的源头,有了业务目标,才有数据挖掘的方向。

第五章

云计算金融

第一节　云计算在金融业中的应用

　　大数据技术的快速发展，驱动各行业信息化转型升级。云计算作为大数据的基础性支撑技术，其行业应用愈加广泛。在金融行业中，金融机构产生的数据体量越来越大，数据维度和复杂度呈指数型增长，其信息化管理水平、数据能力及业务创新等均需依赖云平台应用。目前云计算技术正在与金融行业快速结合，在金融行业内快速发展。

一、什么是云计算

　　2006 年，当亚马逊第一次将其对象存储作为服务区售卖，这标志着云计算这种新的商业模式的诞生。其实云计算并没有用到新的技术，云计算所用的虚拟化技术、网络技术、存储技术在十几年前就已经很成熟了。云计算是一种将 IT 资源作为一种服务去售卖的新商业模式，而不是技术上的创新。

有人认为云计算出现的意义，与我们现在看到的"共享单车"的意义是一样的。就如我们不用买自行车，而是按需付费，随时随地即时获取。

对于到底什么是云计算，并没有确切的概念。现阶段广为接受的是美国国家标准与技术研究院定义：云计算是一种按使用量付费的模式，这种模式提供可用的、便捷的、按需的网络访问，进入可配置的计算资源共享池，这些资源能够被快速提供，只需投入很少的管理工作，或与服务供应商进行很少的交互。

云计算的优势，主要表现在以下两个方面：

1.用户可以随时随地访问、处理以及共享信息

云计算的发展趋势是降低用户对客户端的依赖，将所有的操作都转移到互联网上来。在云计算出现之前，用户为了完成某项特定的任务，往往需要某个特定的客户端软件，在自己的本地计算机上来完成，这种模式最大的弊端是不方便信息共享。比如，一个小团队需要几个成员共同完成一个任务，传统模式是每个成员在自己计算机上处理信息，然后再将分散文件通过邮件或者 U 盘等形式和同事进行信息共享，如果某个团队成员需要修改某个内容，需要反复和同事共享信息，效率十分低下。

有了云计算之后，团队成员就可以把所有的任务都搬到了互联网上，团队成员通过浏览器就能访问到那份共同起草的文件，这样，如果一个成员修改了某个内容，其他成员只需刷新一下页面就可以看到被修改的文件。相对于传统客户端，这样的信息的共享就显得非常便捷。因为这些文件都是统一存放在服务器上，成千上万的服务器会形成一个服务器集群，也就是大型数据中心。这些数据中心之间采用高速光纤网络连接。

云计算就如天上飘着的一朵朵云，他们之间通过互联网连接。所以我们可以说，我们把数据存放到了云端。

我们把很多数据都存放到了云端，很多服务也都转移到了互联网上，只要有网络连接，我们就能够随时随地的访问信息、处理信息和共享信息。

2.降低运营成本，避免资源浪费

就如我们可以付费，享受自来水公司的服务。这样，我们就不需要在自家院子里打井取水。云计算的好处是就是让全社会的计算资源得到最有效的利用，尽可能降低个人和公司计算资源的成本。

比如某个正常运转的中型网站，就需要几百台的服务器。在云计算出现之前，公司需要自己订购服务器，租用服务器中心，在服务器上安装各种操作系统，还得雇佣网络管理和运维人员，造成了很高的运行成本。而有了云计算后，公司只需要租用云服务公司提供的计算资源，就能大大地降低运营成本。在云计算背景下，公司只用考虑业务问题，把技术问题交给更专业和效率更高的云端服务公司，这是一种双赢。

云计算的数据中心给这些中小型公司提供计算服务，最大程度上的利用计算资源，避免了资源的浪费。云服务公司都存在计算能力过剩的情况，比如亚马逊为了满足黑五期间超高的服务器负荷，必须要架设能够承受峰值过载的服务集群和数据中心，而在平时，这些服务器有很多都是空载的，通过提供云计算服务可以最大化利用其运算资源。

二、云金融的发展趋势

所谓云金融，就是指基于云计算商业模式应用的金融产品、信息、服务、用户、各类机构，以及金融云服务平台的总称。从技术上讲，云金融就是利用云计算机系统模型，将金融机构的数据中心与客户端分散到云里，从而达到提高自身系统运算能力、数据处理能力，改善客户体验评价，降低运营成本的目的。

随着金融行业"互联网＋"战略实施的快速深入，对其业务及运维系统提出了严峻挑战，为此金融机构开始高度关注分布式云计算架构下IT的发展与应用部署。金融行业IT系统应用历史包袱较重，金融行业IT系统迁移分布式架构需要逐步进行。在通常情况下，金融机构使用云计算技术先从外围系统逐步开始，然后逐步迁移实施。另外，金融机构优先考虑使用云计算技术建设互联网金融系统，主要由于互联网金融的业务系统需要新建，历史包袱相对较轻。

在国际上，金融科技公司不断崛起，它们以云计算为依托，同时也借助大数据技术以及人工智能技术，这些技术不仅改变了金融机构的IT架构，也使得金融机构能够随时随地访问客户，为客户提供了方便的服务，改变了金融行业的服务模式和行业格局。目前，云计算在这些金融科技公司的应用，多在于支持比如提升网点营业厅的生产力、客户分析等非关键业务，在支付方面，零售银行以及资金管理核心业务系统并没有使用云计算。

在国内，从政策层面来说，随着国家高度重视金融行业的云发展，金融行业"互联网＋"步伐在不断加快。国务院颁布了《关于积极推进"互联网＋"行动的指导意见》，明确指出互联网＋普惠金融是推进方向，鼓励金融机构利用云计算、大数据等技术手段加快金融产品和服务创新。银监会颁布了《中国银行业信息科技十三五发展规划监管指导意见》，首次对银行业云计算明确发布了监管意见，是中国金融云建设的里程碑事件。正式支持金融行业公有云，除了金融私有云之外，银监会第一次强调行业云的概念，正式表态支持金融行业云的发展。

三、云计算在金融行业的落地方式

目前，国内金融行业使用云计算技术采取了两种模式：私有云和行业云。技术实力和经济基础比较强的大型金融机构偏向于私有云的部署方式，它们可以将一些核心业务系统部署到私有云上。通常采用购买硬件产品，基础设施解决方案方式搭建，在生产过程中实施外包驻场运维自主运维或自动运维方式。对于一些中小型银行来说，因为它们经济实力较弱，技术能力也偏弱，所以通常采取行业云的方式。所谓行业云，就是不同的金融机构通过基础设施领域的合作，通过资源等方面的共享，在金融行业内形成技术公共服务，包括公共基础设施、公共接口、公共应用等。行业云主要用于对金融机构外部客户的数据处理服务，或为一定区域内金融机构提供资源共享服务。

在国内，邮储银行是私有云模式，它们把核心业务首先部署到私有云上，从而满足对开放性稳定性灵活性以及安全性等方面的需求；兴业数金是一个典型的行业云，兴业数金主要为中小银行和非银行金融机构提供金融行业云的服务，率先将云计算技术用于生产系统，将云计算技术推向金融行业云的维度；瑞银银行是个国外的金融机构，其利用云计算完成数字化转型，采取了混合云的方式，它们平时日常业务处理中使用的是瑞银数据中心进行，但是当峰值到来时，就将负载导入公有云平台，利用公有云计算资源完成风险计算工作。

第二节　云金融面临的问题和挑战

金融行业应用云计算的主要问题，主要出现在两方面：一是相关监管合规要求不明确，传统金融机构 IT 系统无法适应现有云计算计算架构问题，原来的监管要求依然约束现在的云计算系统，有一些监管由于数据格力的问题，不能满监管要求，应该倡导相关的监管机构调整对云计算架构的合规要求；二是银行采用云计算试错风险比较高，金融行业对 IT 系统稳定性要求特别高，对事故是零容忍，一旦出现宕机就会对人民的生产生活造成比较严重的影响，所以金融机构迁移系统比较谨慎，不会一步将原来的系统迁移到云上。云计算在金融行业应用处于起步阶段，很多问题都需要云计算服务商探索解决。

目前，金融行业用户使用云计算技术，融合架构管理是比较重要的方面。金融行业使用云计算是从外围系统到核心系统的逐步迁移，原来依赖于传统集中式 IT 架构的金融机构，未来在很长一段时间内，将处于集中式与分布式两种架构并存的时期。对于金融机构来说，最大的挑战就是如何管理好融合式架构。金融机构应该建立相应的研究，做好分布式架构的规划和实施。

金融行业使用云计算的可行性分析以及实施路径规划也需要进一步研究。目前，金融行业使用云计算多用于开发环境，关键系统并没有迁移到云上，这让云计算的效率大打折扣，因此应该鼓励金融行业逐步将核心系统迁移到云上。

另外，金融行业希望能针对云计算产品和服务建立专门的评估方法。现在市场上金融行业的云计算产品和服务五花八门，没有针对金融行业专门的评估，所以金融机构比较关注计算产品和服务的评估标准，希望有第三方组织帮助他们做一些评估工作，从而规避转型中可能出现的一些风险。

第三节　金融业如何选择云服务商

金融业大面积"上云"是大势所趋，在未来，云服务会像空气一样无处不在，这将给云服务商带来巨大的商业机会。然而，因为金融业的种种特殊要求，使得金融业在选择云服务商时，尤为谨慎小心。

一、把中小型云服务商排除在外

目前，金融云市场还处于起步阶段，各家云服务商各有优劣算是平分秋色。

金融业"上云"的目的，就是通过云服务提升效率、降低成本、创新业务模式，这就需要更加灵活可变的 IT 架构和技术支撑，这和其他行业云没有什么区别。不同之处在于，传统的金融业相较于其他行业，信息安全技术十分发达，网络架构最为严密，对数据的存储和管理非常成熟，有着严格的行业标准。

金融云作为云服务重要的细分领域，对规划、建设和运维的专业性的要求非常高，与其他行业的云服务有很多不同之处，这对于云服务商也提出了很高的要求。

金融业选择云服务商时，首先要把中小型云服务商排除在外，这是因为，通常情况下，中小型云服务商的技术能力有限，很难达到金融行业客户的要求。即使技术达标，中小型云服务商的能力也很难达到企业业务连续性管理的要求，作为商业经营实体，云服务商存在经营不善导致服务终止的风险，客户存在云服务中断和数据丢失的可能。

二、大型云服务商优劣势分析

金融业在选择大型云服务商来说，也需要擦亮眼睛，不可掉以轻心。金融云市场还处在起步阶段，大型云服务商存在优势的同时，也有一定的劣势。

1. 互联网行业的阿里云和腾讯云

在国内，阿里云推出金融云服务较早，腾讯云较晚，但在二者的背后，都有母公司阿里和腾讯多方面的支持，它们的知名度和影响力毋庸置疑。

然而值得注意的是，几年前，阿里和腾讯分别建立了各自的银行。阿里和腾讯的银行属于互联网银行，采用的是阿里云和腾讯云的云服务，与传统银行业形成了竞争关系。

阿里云面对金融业客户，除了云服务以外，可以提供蚂蚁金服、支付宝相关业务服务。腾讯云可以为客户提供企业级内部社交软件，还可以利用其数据优势，帮助金融类客户进行精准营销和投放、人脸识别、降低反欺诈识别的成本。也就是说，阿里和腾讯在为金融行业客户提供云服务的同时，自身也提供金融相关的服务，那么如何保证独立性就是一个问题。

同时，作为互联网公司，阿里和腾讯一直做的是 B2C 业务，面向个人用户与面向企业用户，这是两种不同的思维，尤其在金融行业更是如此。

阿里和腾讯缺乏服务企业客户的基因，虽然在具体应用场景的 IT 支撑能力、应用服务分布式实现等方面能力强劲，但阿里云的金融云服务仍然缺乏时间验证。在很长时间以来，腾讯云也缺少企业云解决方案的建设经验。

比如，大客户需要提供现场服务，阿里和腾讯却一直在做 B2C，这就导致 B2B 服务团队并不成熟专业。现场服务能力弱，难以响应客户提出的需求，自身技术能力虽然较强，却无法有效输出给客户。

在通常情况下，阿里云和腾讯云会将面向互联网行业的公有云技术移植给金融云，这种做法的优点显而易见，能够帮助客户快速搭建 IT 架构，可是面对金融业特有的复杂问题时，就会显得力不从心。

2.其他类型云服务商

华为等转型做云的设备提供商。面对金融行业，华为构建了数据中心、服务器、云操作系统等全套的云计算基础设施方案，这种做法的缺点是：华为擅长私有云服务，缺少互联网基因，云计算业务的思路仍然延续着传统的 IT 思路，从而导致华为云存在很大的局限性，建设和维护成本高，无法满足金融云需要的灵活性，也无法应对突发业务需求。

银行系云服务商。目前，招银云创、兴业数金等也积累了一些金融业客户，银行系云服务商的优点是，背靠银行平台，业务系统成熟完善，成本也较低，缺点是缺乏定制化能力，无法满足客户的不同需求。

传统软件服务商。用友、恒生这些厂商的金融云服务，帮助金融业扩展和建立金融生态，这些软件服务商的模式主要是 IT 外包，缺乏构建大规模云服务的经验，目前的主要客户集中于小微金融企业。

三、金融行业客户应该如何选云

对各家各派目前的金融云业务特征有所了解之后，作为金融行业的客户，该怎么选择合适的云服务商呢？

1. 要选择主流云服务商

金融云按照其行业特性，需要满足诸如数据安全、业务连续性等方面的要求，主流云计算厂商体量相对大，在研发、资源、资金这些方面竞争力十足，更容易满足企业业务的需要。而且，体量大的云服务商，较中小型厂商更能提供长期稳定的云服务。

2. 要注意云服务商的独立性

尽量避免由于云服务商包含金融业务，从而与自身业务形成冲突的可能。

3. 要选择具有互联网基因的云服务商

随着金融行业从传统的 IT 架构向云架构过渡，金融行业的风控、营销、客户服务等业务都需要数据驱动，对数据和互联网越来越依赖。互联网公司有快速理解用户需求，并针对需求产出技术和服务的能力。

从长远看，公有云才是云计算的真正形态，公有云又出自互联网公司，和其他领域的云服务相比，互联网公司的云服务体系发展得更成熟。电信运营商和传统 IT 设备厂商不具备互联网技术，比如 IT 厂商的云服务，就难于用互联网公司的分布式架构帮客户解决问题。因此有着互联网基因的云服务商，更能满足金融行业的需求。

4.要选择专注垂直行业的云服务商

目前，云服务商的技术和服务都相似，因此，专注于垂直行业的云服务商就占有明显优势。不同于其他厂商的标准化"上云"思路，对于一个行业的理解就会更深入更专业，就能体现出技术和服务的差异化。云服务商对于一个行业的理解越深入，产品和服务也就越能受到客户欢迎。

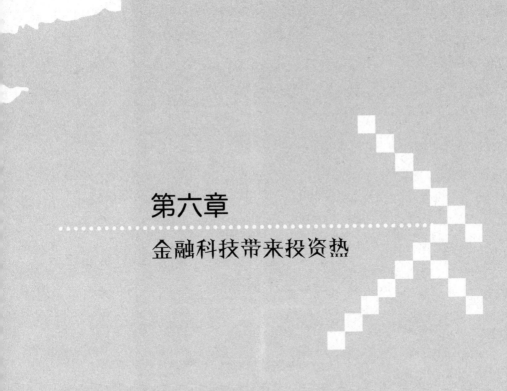

第六章

金融科技带来投资热

第一节　让投资更高效

　　狭义的金融科技，是指金融机构运用创新技术，加强经营管理，提升服务效率和市场竞争效率，它强调新技术新方法的运用。广义的金融科技，它除了强调对技术和方法的应用，还强调这些应用对金融业态和金融运营模式的影响。

　　技术发展带来行业新变局。随着人工智能、大数据、区块链等创新技术迭代升级，科技手段为小型金融机构提供了服务长尾市场用户的机会，同时，推动大型金融机构进一步改善效率、降低风险与运营成本。

　　据高盛集团预测，超过 6600 亿美元正从传统金融业涌向金融科技领域。显而易见，金融科技产业已经成为投资人眼中的香饽饽。

一、金融科技的商业模式

业界专业人士对金融科技初创企业商业模式研究分析，认为目前金融科技领域主要的商业模式有五种。需要说明的是，一部分金融科技企业，可能同时采用两种或者两种以上的商业模式。

1. 流量变现型

这种商业与传统纸媒的广告模式相似，科技公司基于互联网平台海量用户，为金融机构提供广告营销等业务实现盈利，比如传媒、搜狐等依托其综合或者金融细分市场平台，推荐互联网理财、保险等服务。而融360、好贷网之类的公司，则是通过"搜索＋比价"，将各家金融机构的产品放在平台上，让用户通过对比挑选合适的金融产品，在理财、保险等细分行业形成了第三方理财机构，提供金融产品咨询、比价、购买服务的门户网站。

2. 增值服务型

趣店就是增值服务型商业模式的典型代表，趣店招股书显示，趣店通过与银行金融机构、消费金融公司等机构合作，来保证充足的资金来源，共有放贷模式。这种商业模式，其实就是为金融机构提供第三方中间业务，依托金融科学技术 KYC 与风控，向符合条件贷款人提供贷款，从中获取管理服务费。

3. 数据交易型

蚂蚁金服、百融金服等企业，依靠对海量客户的金融属性数据进行分析和挖掘，掌握客户的消费习惯，建立用户行为标签，形成全方位的画像分析与精准的授信策略，对客户形成实现风险与收益的动态平衡，达成最优盈利点，从而为金融机构提供精准营销、信用评级等服务。

4. 平台变现型

这种商业模式是企业为了更好地营造自身生态系统，基于平台庞大的业务量形成的资金池而衍生金融服务，更好地服务客户。通过直接申请或间接收购获得相关金融牌照发展金融业务，为用户直接提供互投资、保险等业务。比如支付宝基于用户在淘宝上的交易信息，打造芝麻信用，开发了花呗和借呗、保险和余额宝等金融业务。

5.行业解决方案型

大部分金融IT供应商转变而来的企业，还有一些金融科技初创企业，通常会用此类商业模式。它们的共同特点是积极拥抱人工智能、区块链等创新科技，为金融机构提供一套系统加运营服务或者客户营销服务的综合性解决方案。

二、金融科技对投资的影响

金融机构运用包括人工智能、大数据、区块链的创新技术，深度挖掘金融产品，可以为客户提供个性化动态解决方案，从而降低客户的投资成本，为客户带来更高的回报。

对资产公司来说，运用创新技术，可以更加细致地对资产的品质进行鉴别和分类，突破既有的框架，更加细致地鉴别风险降低风险。可以通过用户画像以各种标签来理解用户特点，自动给特定的客户提供个性化服务。收集的数据越多，能做出的投资建议就越精准。真正做到低成本更高效地服务大量用户。

对于投资者来说，在未来，成本低廉的智能投顾可能是大众投资的主要发展方向，因此面向客户的顾问服务收费也将降低，甚至零服务费。同时，人工投顾利用创新技术提高工作效率，可以花更少的时间却更加深入的了解高净值客户，为客户提供更加高效且优质的服务。投资者只需要知道自己的投资偏好，就可以找到对应的投资产品。投资者通过科技带来便利，选择更高效的投资组合，从而使得收益率显著提高。

三、金融科技如何为投资助力

金融科技改善了金融机构的信用风险管理能力，降低了客户违约风险。信任是金融行业的基础，有一定程度的信任，人们才会把自己的资金交给第三方进行管理。

金融服务市场已经进入大数据时代，主流金融机构开始利用大数据实现信用风险管理，通过数据搜集和挖掘技术，在海量的客户数据中，分析优质服务对象，并以此为基础为客户提供服务。

大数据技术潜在的魅力，使金融机构对数据资源高度关注，新兴的数据公司以此为基础，开展基于大数据的信用评估，缺乏数据资源的金融机构为了加速数据积累，则积极拓展服务类型，推动业务从线下向线上转。

金融科技可以让金融服务提供者通过虚拟空间，丰富和优化服务场景，不断优化用户体验，优化服务流程，增强金融机构的市场竞争力。

把钱交给更能创造财富的人，让这些人将这些钱拿去投资，去创造更多的财富，进而带动整个社会财富的创造，也让所有参与其中的人受益！

第二节 哪些项目更值得投资

金融科技服务商 Fraedom 针对美国商业银行高级主管所做的一份调查报告显示：在未来三年，82% 的美国商业银行计划增加对金融科技的投资。86% 受访的高阶主管表示会在短期内增加金融科技的预算。研究机构 Statista 预估：在 2018 年，美国金融科技公司获得的投资金额将会达到 47 亿美金。那么，那些金融科技项目将得到巨额投资的青睐呢？

一、区块链

目前，区块链的发展还处在探索期，面对这样的新技术，虽然可能会面临投资失败的局面，投资人仍然愿意冒险拿钱出来投资。专家预测，运用区块链的技术进行识别与门禁管理，未来将会有明显的成长动能。此外，许多区块链的测试专案已经提升后台作业效率，比如有价证券的清算作业。未来针对虚拟有价证券投资工具的发行，运用企业内区块链技术建立机构的证券保管机制，将是区块链技术发展的实际应用。

二、人工智能

人工智能技术在金融科技中应用非常广泛，这就代表着无限商机，自然吸引大量的资金投资。人工智能系统良好运作的前提，是拥有针对目标专业领域的大量资料、专业知识与资料处理能力，而这些资料获取成本相当高，这是投资者必须面对的潜在问题。

三、监管科技

当区块链、人工智能等金融科技的应用增加时，意味着金融机构及监管单位也必须采用监管科技进行监管。其中的身份识别技术，以及银行与金融科技业依监理机关要求所提供的报告技术等，都是未来监理科技主要的发展领域。

四、商业支付

金融科技中，除了发展企业对消费者与消费者之间支付所需的技术外，针对企业之间支付的技术开发投资也日益增加。目前许多企业仍以人工使用试算表的方式来进行营运管理，因此需要金融科技提供解决方案，协助提高账务管理的效率。

五、银行科技

许多金融科技创新之所以能够打败现有银行，其中一个主要原因是消费者保护机构的存在，使得许多大型金融机构不得不退出某些金融业务领域，比如学生贷款、房屋贷款业务的经营。当这些严格的规范松绑后，大型银行就可以重新进入这些市场，积极拓展业务成长。这些提供相关服务的金融科技新创公司，就会成为热门的投资标的。

六、比特币钱包

自发行以来，比特币的价值以惊人的涨幅众所皆知，虽然价格波动剧烈，但是已有研发者开发相关的比特币钱包手机应用程式，使得投资人能够在传统的经济活动中可以使用比特币或乙太币进行交易。比如，英国互联网银行Revolut准备使其百万客户的预付卡，可以透过手机应用程序使用他们账户内的虚拟货币；目前正在申请银行执照，使得客户也能用账户申请贷。

七、扩增实境商务

亚马逊的无人商店 Amazon Go 已在美国西雅图营运，消费者通过手机就可以进入超市选购物品，不必在收银台排队结账。这种新概念将彻底改变实体零售商的经营模式，亚马逊运用 Just Walk Out 技术，包含驱动自动驾驶汽车的电脑视觉、深度学习、无线射频识别、图像解析等技术来打造这个革命性的无人商店，未来相关技术的软硬体投资，都将是热门的投资目标。

八、消费者应用程序服务

在千禧世代，数字世代或称网络世代是金融业未来的主要客户，这些新世代非常熟悉 3C 产品，而且熟悉网络上的 YouTube、Google 和社群媒体 Facebook、Twitter 等，以及 iPhone、App Store、iPad 等搜寻和应用产品，同时也习惯使用社群工具。

和父母辈相比较，N 世代的学生与科技产品的关系更加亲密，更习惯数字时代的生活方式。

N 世代的潜在客户的数字基因，主要表现喜欢图形接口、速度为先、效率至上、喜欢数字互动、爱打卡与分享等方面。因此，根据这些潜在客户特性，未来产品服务开发应可向虚拟生活、数字商务、在线娱乐、云端运算等趋势去开发。

第三节　有策略地投资

从全球来看，投资者普遍对金融科技领域持积极态度，投资整体呈现稳步扩大趋势，且大额融资事件逐渐成为常态化。同时，借助资本、技术、市场等因素的积极影响，金融科技在全球多个区域，呈现快速发展的态势。

因此，对于金融科技领域投资的模式进行分析，引导资金的提供方和需求方进行有效对接，对于投资者、初创金融科技公司、区域经济的发展，都具有较强的商业实践意义。

在实践层面，在金融科技领域，不同类别的投资方有着不同层面的利益需求，同时，由于各国监管层的监管政策不同，也会影响资金流向。所以，投资者通常会采取不同的投资策略，从而演变出不同的投资模式。

一、行业巨头联合投资

金融、科技领域的巨头公司，通过联合投资的方式，成立与各自主营业务具有高度关联性的金融科技公司，强强联手，达到事半功倍的商业效果。这类金融科技公司在创建之初，就获得了来自行业巨头在各个层面的大力支持，其主营业务能够较快步入正轨。同时，借助于股东背景的信用背书，这类金融科技公司在发展过程中，能够较快获得金融机构、投资机构的认可，充分保障了公司发展所需的持续性资金支持。

2013 年 10 月，中国首家互联网保险公司"众安保险"，由平安集团、腾讯、蚂蚁金服联手投资成立。腾讯海量的网络用户积累、阿里的专业电商网络，让"众安保险"占尽资源优势。经过 4 年的快速发展，"众安保险"成功登陆港交所主板市场。

二、大型机构战略投资

这种投资模式，通常由资金雄厚的大型机构主导进行，通过直接投资入股的形式，获取初创型金融科技公司的股权。大型机构基于自身未来发展的战略性布局进行投资，具有周期长、规模大的特点。通常情况下，大型机构为了在未来能获得持续、超高的投资回报，会为所投金融科技公司提供市场、业务合作方对接等层面的支持。

2000 年，软银集团向阿里巴巴投资 2000 万美元，2016 年，软银出售阿里部分股票套现近百亿美元，随后，软银集团将变现资金用于收购英国芯片设计公司 ARM，在金融科技落地应用关键领域进行重要的战略布局。

三、专业风险投资

通常情况下，风险投资是由投资机构、专业投资家发起，承担潜在高风险，争取超额收益，对创新型公司进行投资。在金融科技领域，风险投资看中的是所投公司的发展潜力。

风险投资决策者用以判断的指标维度，往往与自身的职业经历有很大关系，比如技术出身的投资人主要关注初创金融科技公司的技术独创性，人力资源出身的投资人则重点关注创业团队的组织架构，金融出身的投资人，则更关注初创金融科技公司在金融领域的资源积累。对于种子轮融资的初创金融科技公司，风险决策者往往只能通过创业团队的商业计划书进行判断，将面临更多的挑战。

四、公募基金投资

公募基金通过公开方式进行发行，将募集对象定位在社会广大公众（不特定投资者）；公募基金管理人，根据基金成立之初的定位，通常需将资金投入标准化的交易市场；例如，股票型基金主要投向股票交易市场，债券型基金主要投向债券市场，货币基金主要投资于短期货币工具。

由于监管层对于公募基金有着严格的法律、政策管控，大型公募基金通常不能直接投资获取初创型公司的股权；金融科技领域的初创公司，为避免高额负债运营，倾向于利用股权进行融资；因此，公募基金可通过间接投资，参与到金融科技领域。例如，如果金融科技公司的主要股东为上市公司，公募基金可以买入该上市公司的流通股票；当上市公司从所投金融科技公司获益时，其股价也将随之上涨，且会向股票持有方派发股息红利，公募基金可获得相应收益。

五、私募股权投资

私募股权投资，是通过非公开发行的方式募集资金，对尚未发行股票上市的公司进行股权投资，退出方式包括股票上市、管理层回购、破产清算等。

在金融科技领域，私募股权投资通常是通过成立专门的私募股权基金来完成的，基金形式主要包括直接成立私募股权基金，对标的进行股权投资，或者通过成立私募股权投资母基金，对私募股权基金进行投资。

私募股权基金和公募基金不同，对于募集对象的金融资产、投资经验等方面都有严格的门槛限制。私募股权基金以中长期投资为主，倾向于投资初具规模、现金流比较稳定的公司。私募股权投资更倾向于财务投资，基金管理人通常不参与所投公司的运营环节，只对基金持有人的利益负责，选择合适的退出时机，进行快速变现。

目前，在金融科技领域，类似于"众安保险"的财富神话时有发生，同时，也存在众多潜在风险，投资者无法收回投资本金的情况并不罕见。私募股权投资属于追求财务性盈利的财务投资范畴，私募股权投资方持有的股份未经上市，和上市流通的股票相比，变现难度要高得多。

私募股权投资的独特性，对于投资者的资金实力、投资经验都有较高要求。私募股权基金的管理人，在保证投资人利益的基础上，必须兼顾被投公司的合理诉求。因此，基金管理人的投资策略，将起到关键作用。在金融科技领域，私募股权投资可以从以下层面进行策略设计。

1.发展前景良好的细分领域

独角兽级别的金融科技公司，它们都选择了前景良好的细分领域作为业务的切入点，快速积累首批忠实用户，形成牢固的品牌效应。比如，网购刚兴起时，支付宝快速进入支付端市场，依靠海量的网购用户，快速积累大批忠实用户。金融科技私募股权基金的管理人，可以深入研究金融业态的细分领域，找出潜在用户多、使用频率高、场景化应用范围广的细分领域，对该领域的独角兽公司进行投资。

2.具有客户服务精神的公司

金融科技公司追求盈利无可厚非，然而，独角兽级别的金融科技公司，在追求盈利的基础上，则会将客户服务精神作为公司发展的重要战略思想。比如社交投资平台 eToro，在为用户提供海量投资品种的同时，始终把客户的投资风险置于首要位置，在获得平台用户肯定的同时，迅速发展为全球最大的社交投资平台。

获利是私募股权基金的目的，但需要避免急功近利。能为客户负责的公司，往往对投资人同样负责，其运营团队会将公司面临的挑战与投资人及时沟通，共同探寻解决方案，维护业务各方的利益，这对于私募股权基金非常重要，通常会直接影响投资收益率。

3.创新技术与应用场景的契合度

有些初创型金融科技公司拥有深厚的技术资源积累，但却难以将创新技术与应用场景完美融合，造成目标客户群体试用体验较差的窘境。在该方面，金融科技独角兽公司拥有很强的先见性。比如，在大数据技术领域，"芝麻信用"通过将互联网用户的多维度数据，形成"芝麻信用分"，通过量化个人信用，使用户可以直观自己的综合信用状况，及时做出相应行为的调整。

在创新领域，投资中最常见的风险就是投融双方对于创新技术盲目乐观，创新技术商业化具有较强的实践性，与理论研究不同，成功与否在于目标客户群的反馈。在金融科技领域，从业公司往往会耗费大量资金进行技术研发，能否为新型技术找到合适的金融应用场景，对运营团队的市场解读能力是极大的考验。如果投入重金研发的技术无法契合主营业务应用场景，极端情况下会导致破产，私募股权基金通过破产清算方式退出，往往会承担较大的本金损失。

4.高效的优质资源互补

金融科技独角兽公司，针对自身业务发展的需求，能够快速找到优秀的业务合作伙伴。合作伙伴之间可以通过优势互补，形成全新的业务发展模式，获得目标市场客户的认可。在实践中，资金的供给方与需求方往往缺少优秀的平台进行项目对接，同时，通过参与搭建具有行业影响力的金融科技创业平台，汇集金融科技领域各类优质资源，私募股权基金能够在短时间内完成项目对接，大幅提高运营效率。

目前，全球已进入经济转型期，金融科技将成为下一个经济增长的强力引擎。金融科技新兴产业的发展，取决于监管层的引导、市场开放的程度、技术能力的强弱、潜在的市场需求，而投资则是影响发展速度的重要因素。随着股权投资机构化趋势的发展，在金融科技领域，股权投资基金将成为重要的资金供给方，起到关键的推进作用。

第四节　金融科技企业融资阶梯

2017 年 11 月，趣店集团完成赴美 IPO 上市，融资超过 9 亿美元。趣店集团的商业模式虽然面临监管风险和舆论质疑，但通过这一金融创业成功案例，可能会刺激金融科技行业获得更多的资本关注度。

一、金融科技公司的融资流程

1. 风险投资

风险投资指的是投资者在企业中进行的更具风险的股权投资形式。然而很多风险投资者使用的机制是从投资者的角度降低风险。在金融科技生态系统中，风险投资分以下几个阶段：

企业启动融资通常有两种主要方式：一种是自筹，另一种是有最低限额的融资，朋友和亲戚通常是初始资本来源。

"亲友轮"过后是天使轮，这是金融科技初创企业的第一次外部融资，它的资金通常来自那些受认可的高净值投资者。成功的金融科技企业大都得到了天使投资人的支持，这些投资人完全信任创业团队及其愿景，并帮助他们实现了想法。

接下来就是A轮，A轮投资通常由一家风险投资机构主导，在这一阶段，双方签订的条款更具保护性和拓展性。条款模板中包括投资条款清单、股东协议以及整套公司章程。风险投资机构坚持通过某些条款，实现更多地保护自身利益。

风险投资机构希望能够收回它们的投资，即便在企业破产的情况下，由于具有清算优先权，因此也会得到相应的补偿。

2.扩张资本

A轮之后就是B轮，再后就是C轮、D轮，C轮以后的投资通常被称为扩张资本。当企业有了一定的技术优势，并且拥有了稳定的客户群体的时候，就需要扩大员工团队，特别是销售团队，这时扩张资本就该发挥其作用了。

3.私募股权

私募股权常常出现在不同的场景，最常见的是作为交易的替代方式买断现有所有者，然后私募股权公司用股权激励新的管理层，从而帮助企业成长。

使用私募股权收购管理层有以下几种不同的形式：管理层收购，二级管理层利用私募股权买断顶级管理层；外部管理层买入，新的管理层进入企业董事会，新进入的私募股权投资者会完全取代旧的管理层；买入管理收购是上述模式的混合模式，可能会出现新管理层与现任管理层并存的情况。

4. 上市

在过去几年中，整个欧洲资本市场几乎没有出现金融科技企业的IPO，尽管目前很多金融科技企业尚未做好上市的准备，但在未来几年将会出现大量的金融科技企业的IPO。

IPO 即能帮助企业进行融资，还能为早期投资者创造投资的退出机会，IPO 可以为企业以及投资者创造双赢的局面。

金融科技初创企业的快速发展，企业与创始人的课税情况往往被忽视。因此，企业创办之初就完成相关的手续显得尤为重要。企业可以向相关顾问团队寻求帮助，管理团队要注意关键性的会计、法律、税务问题，机构投资者在投资前也要了解这些相关。

另外，金融科技专家的职业精神和投资者教育对赢得客户信心、避免代价高昂的过度监管和起诉也非常重要。

二、金融科技公司掀起境外上市热

1. 缘何热衷境外上市

2017 年可以被称为中国金融科技企业境外上市元年，多加互联网金融企业赴美国、中国香港等境外市场上市。

2017 年下半年，宜人贷、信而富、趣店三家中国互金企业在纽交所上市，众安保险于 9 月末在香港上市。随后，融 360 旗下简普科技向美国证券交易委员会递交 IPO 招股书，拟最高融资 2 亿美元。同时，还有一大批金融科技公司在赴美 IPO 路上。

这一波互联网金融公司境外上市潮背后，凸显的是中国金融科技的崛起。随着云计算、区块链、移动互联、人工智能等新技术的快速发展，金融科技在国内的发展速度惊人。新的金融形式已逐渐渗透到人们的日常消费生活中。世界前五大互联网金融机构中，中国有 4 家企业上榜，蚂蚁金服以 600 亿美元左右的市值居于榜首，远远超过排在第二位的美国支付公司 PayPal 的 470 亿美元。

中国金融科技境外上市热潮，直接触动因素是消费贷的超常规发展。2017 年前 7 个月，全国短期消费贷款新增 1.06 万亿元，是去年同期的 3 倍。2018 年前 5 个月，居民新增短期消费贷款 8630 亿，相比去年同期多增 1711 亿。

不过，与中国庞大的金融体系相比，这一数字仍相对较低，目前仅占中国社会融资总额的 0.79%。包括 3.6 亿农村人口、1.7 亿外来务工人员、3700 万大学生和约 7000 万蓝领工人在内庞大的未覆盖群体，将持续推动网络借贷市场规模的扩张。

中国金融科技企业境外上市潮的背后，风险投资资本的推动也是不可忽视的力量。在这些互金企业集中上市的背后，不乏风投机构的影子，融 360 的股东中包含红杉资本、光速中国和凯鹏华盈等风险投资机构。拍拍贷持股最多的个人并非创始人张俊，他只有 5.5% 的持股比例，红杉资本合伙人沈南鹏持股比例高达 25.5%。

互联网金融企业集中上市，使得早期积极布局的资本进入了收获期。在趣店 IPO 的当日，昆仑万维发布公告称，已随同趣店在纽约证券交易所 IPO 出售昆仑集团所持有的部分股权，共获益 3.45 亿元人民币。

中国互金企业选择赴美上市，一方面是中国政府对互金行业政策监管趋严，中国证监会对企业国内上市要求较高、上市审核趋严，导致互金企业在国内直接上市无望；另外，美国上市申请程序简单透明，对企业上市要求相对较低，这对中国互金企业有很大的吸引力。

2. 境外上市后遗症

中国金融科技企业境外组团上市，带来发展机遇的同时，也潜藏一定风险。IPO 之后，可以满足融资和再融资的资金需求，为下一步发展蓄力。同时，这些互金公司大部分业务发展模式单一，而且过于依赖消费贷、现金贷。而现金贷的暴利模式，可以让互金平台短时间内扭亏为盈、业绩暴增，从而顺利上市。但这一业务争议较大，如果监管环境转变，将面临一定政策风险。

值得关注的人，互金企业境外上市之后，股价表现并不乐观。对于在美上市互金企业的股价下跌，主要有两方面原因，一是美股特别是科技股的整体下跌，二是中国互金的监管政策不断出台，部分企业业绩表现不是很理想。

上市成本高。除了股价表现不佳外，与国内上市成本相比，互金企业赴美上市成本相对较高，分析人士认为，控制上市成本也是企业选择赴美上市应重点关注的问题。赴美上市成本一般包括：承销费、发行人的律师费、承销商的律师费、审计费、顾问费、SEC 申请费等费用。上市成本所占融资额的比例与融资额的大小相关，即融资额越低，上市成本所占融资额的比例就越高。根据 2016—2017 年度所有在美国上市的企业上市成本数据，融资额在 2500 万～1 亿美元之间，其平均上市成本为730 万美元。

以上市成本最低的点牛金融为例，点牛金融 108 万美元的上市成本占募资规模的 17%。2018 年 3 月，点牛金融以每股 4 美元的公开发行价共发行 155 万股普通股，募资规模约为 620 万美元。

上市性价比打折。除了监管因素，中美贸易环境也将间接对互金美股企业股价造成影响。目前赴美上市，市场估值水平不高，经过 2017 年中国互金股密集上市，品牌宣传价值也有所下降，时机并不理想。

经过之前的高速增长期，互金行业日趋成熟，涌现出一批优质的互金企业，迫于资本市场的压力，企业之间对于市场份额的争夺更加激烈，推升了运营成本，导致股价下跌。

中美贸易环境恶化，将影响中概股的市场估值。中美贸易战的影响，目前集中在相关商品的进出口领域，暂时没有延续到互金行业的趋势。不过，中美贸易战如果一直延续，相关进出口企业的利润受到影响，最终间接影响互金行业的利润。

从上市时机来讲，目前赴美上市的性价比受到一定影响。受到国内互金监管加强、行业日趋成熟、竞争激烈的影响，当前互金企业的盈利增长预期降低。2018 年 3 月以来，受到美元加息以及中美贸易战的影响，美股大盘出现了波动和跌幅，打消了一部分投资者的投资热情，最终影响到此时赴美上市融资的性价比。

从整个市场环境看，虽然美股近期下跌，但整体还处于高位，估值比较理想。互金企业上市时机更多是和国内的监管环境和自身的盈利情况相关，从时机看，在备案政策落地之后可能更理想。

鉴于中国金融行业发展特点，国内互金行业仍有很大的市场发展空间。经过备案登记监管政策之后，不合规的 P2P 平台将被淘汰，而合规运营且成功上市的互金企业将迎来良好的发展时机。

第五节　中国金融科技出海机遇与挑战

目前，中国金融科技企业出海东南亚已成为一种行业趋势。除了蚂蚁金服、腾讯、百度、京东金融巨头角力，包括陆金所、宜信、凡普金科、网信等企业等互联网金融企业也纷纷加入出海浪潮。

一、支付先行

国内战场狼烟四起，早在几年前，BATJ 等巨头就移师东南亚市场跑马圈地。从进军路径上看，支付业务成为谋取市场的敲门砖，然后再将版图拓展到其他领域。

1. 蚂蚁金服

2012 年 11 月，支付宝拓展海外市场的国际事业部成立，为打造自身生态圈开始铺路。此后，蚂蚁金服在东南亚市场先后投资、收购、合作了印度的 Paytm、菲律宾的 Mynt、新加坡的 Hello Pay、印尼的电子钱包 DANA 等企业，与合作伙伴共同打造面向当地的支付基础设施。

2. 腾讯

腾讯的扩张则是围绕东南亚市场布局消费场景，主要为国内游客提供购物支付服务。2015 年年底，微信支付宣布向境外商家开放跨境支付功能。2017 年 7 月，微信宣布上线微信支付境外开放平台。2018 年 3 月，微信支付与新加坡星网电子付款公司开展合作，未来可让新加坡当地 NETS 用户扫描微信二维码付款。

3. 百度和京东

百度和京东则不约而同以泰国为首选，逐渐向其他东南亚地区渗透。2016 年 4 月，百度钱包宣布在泰国上线境外支付业务。2017 年 7 月公布，已与 PayPal Holdings Inc 达成战略协议，基于战略协议，在全球范围内，百度支付平台将被大约 1700 万个 PayPal 商户接受。

2017 年 9 月，京东金融与泰国尚泰集团有限公司成立合资公司，为泰国及东南亚地区消费者提供金融科技服务。该合作以支付业务为核心，未来双方或将业务拓展至消费金融、保险、理财等多个领域。

中国移动支付领先全球，海外市场还是"蓝海"一片。移动支付能否在当地生根发芽，也是中国移动支付对外拓展的关键所在。

二、技术优势

不同于四大巨头的"金钱铺路"，大批金融科技企业则另辟蹊径，以资产管理、技术输出等方式，把步子迈向东南亚市场，其中陆金所、宜信财富、凡普金科等金融科技企业，都将出海第一站首选新加坡，进而辐射东南亚地区。

2018 年 4 月，品钛与新加坡大华银行宣布成立合资公司华钛科技，为东南亚地区的银行等金融机构提供信贷评估决策等服务；此外，宜信财富设立新加坡公司，主要开展全球房地产金融投资业务，发行全球地产母基金系列产品；陆金所的国际业务平台陆国际成立新加坡公司，是一家纯线上财富管理平台，为拥有海外资产的投资者提供证券交易、托管服务等一系列财富管理服务；凡普金科携手新加坡 Cash wagon，双方基于大数据处理和金融科技研发开展合作，拓展东南亚地区的智能金融服务。

近年来，基于人口红利和数据红利，中国金融科技市场成长非常迅速。与尚未接触到无现金社会的东南亚国外同行相比，无论在技术和服务上，国内金融科技企业都具有一定的领先优势。

国内市场竞争日益激烈，特别是在监管趋严的背景下，企业合规成本抬高，盈利空间进一步被压缩，金融科技企业将目光投向了正处于发展红利期的东南亚等海外市场，它们希望快速在这些潜在的新兴市场赢得相应的市场份额。

三、出海东南亚的机遇

中国金融科技企业选择泰国、新加坡、印尼等东南亚地区成为出海首战的原因，主要表现在以下几个方面：

1.金融服务需求大

东南亚人口超过 6.5 亿人，但有 4.5 亿人得不到银行服务的机会，传统金融覆盖不足带来了个人金融服务需求缺口，庞大的市场需求为国内互金平台走出去提供了更多机遇和前景。

2.华人认同感

东南亚国家的华人以及出境游国人众多，国情、人文环境与中国相似，有利于提高出海的成功率。同时，东南亚是与中国最近的国际市场，出海拓展市场的直接成本较低。

3.政策良好

中国鼓励对外投资，"一带一路"倡议为带动国内金融科技企业创业提供了新的机遇。同时，东南亚国家政治稳定，大多对互联网金融外资进入持开放态度。

四、出海面临的挑战

1.来自硅谷的竞争

全球许多顶尖科技人才以及金融人才在美国受过教育，因此，硅谷模式、硅谷思维在东南亚国家被广泛认可。

在全球市场，硅谷巨头或创业公司都享有极大的品牌效应。任何的本土企业与硅谷公司合作，都是对自身品牌的提升。目前，中国金融科技的成就举世瞩目，但是中国金融科技产业并不具备如此强大的品牌效应。

强大品牌效应带来的影响非常深远，品牌衍生出来的优势几近全方位。由于中国国情以及中国企业家的家国情怀，来自硅谷的竞争对手在中国国内难以发挥巨大的优势。因此，很多中国金融科技企业在国内身经百战，但其斗争经验未必完全适用于海外市场。在泰国与印尼，最受欢迎的社交媒体是 Facebook、Instagram 与 WhatsApp，不是微信。硅谷公司与东南亚本地的金融科技公司合作，在 Facebook、Instagram 与 WhatsApp 平台上开发 P2P 借贷是非常顺理成章的，竞争对手的潜在优势不言而喻。

2. 与银行对接困难

在中国，经过业界与政府的共同努力，银行与金融科技企业合作、竞争、对接已是习以为常。但在其他发展中国家，金融科技对本土银行仍是新鲜事物，各部门对如何与金融科技企业合作都非常陌生。外国本土的金融科技企业都需要花大量的精力游说银行做出必要的调整，中国金融科技企业更不容易与本土银行谈判。

其他国家的竞争对手可以与国际银行合作，增加与本土银行的谈判筹码。比如，新加坡的银行在印尼都享有业务全牌照，可以支持在印尼开发业务的新加坡金融科技公司。本土金融科技企业与硅谷合作，比较容易得到国际银行的支持。由于种种原因，中国金融科技企业与国际银行的谈判却受到很大的限制。

3. 外资的限制

每个国家对外资企业都有一定的限制，此类限制不仅通过股权比例、实质控制权等硬门槛落实，还体现在具体监管规则执行上。在语言、文化、法制不同的前提下，中国金融科技企业对法规的误读很容易导致对整个产业的误解。同时，在欧美媒体渲染下，中国公司的作风一直备受诟病。在全球民族主义情绪高涨、贸易摩擦频发的大环境下，其他发展中国家对中国企业抱有一定的戒心。中国金融科技企业如果在合规上再出现瑕疵，就会加深误解，为中国金融科技产业带来负面影响。

4. 模式上的误解

中国金融科技企业输出的并不只是产品或具体技术，而是包括客户体验、运营体系、风险管理等整套模式，这是中国金融科技企业、政府、银行等高度配合的成果。完善的整套模式是最明显的优势，是一套弯道超车的模式。

中国消费者跨越了信用卡时代，直接进入移动支付时代，信用可直接以数字化方式提供，配合电子钱包通过银行账户操作，金融科技在移动端同时解决了支付及信用问题。

以印尼为例，据当地移动支付公司统计，该国人的信用卡渗透率还远低于中国。当地银行与国际清算网络发展信用卡业务本来拥有巨大的增长空间，但如果引进中国的移动支付与数字信用模式，就颠覆了原来巨大的信用卡市场利润空间。

海外金融科技市场的无形阻力，远远不止来自于本土的金融机构。有时候，本土金融机构是否选择与中国金融科技合作，未必全是经济或商业考虑。中国金融科技如果把故事说不清楚，就会遭受更大的误解与误判，原来的优势反而会成为最大的阻力。

五、合作共赢

金融科技企业无法独立解决在海外市场面临的挑战，这需要业界与政府共同努力，为产业打造品牌，加强主要新兴市场。

尽管中国金融科技的发展引世界瞩目，但国际对中国金融科技以及移动互联网生态并不十分了解。业界、学界、媒体等可以合作，介绍中国金融科技的发展历程，这不但有助于整个产业的品牌建设，更能让各国参与者理解复制中国金融科技模式的必要性。

在已经获取全银行牌照的市场，国内银行与中国金融科技企业的合作可以为整个产业带来巨大优势。

毋庸置疑，在平衡金融创新以及防范系统性风险方面，中国监管机构在世界处于领先地位。中国监管机构如果与各国的监管机构及政府机关分享其成长历程，对解除各国对中国金融科技的误解很有帮助。

从互联网金融到金融科技，中国的经验是多元的，有创业者成为明星，也有独角兽上市。在滚滚大潮中，在监管的指引下，中国金融科技为民众带来了便捷，也提高了金融效率。中国金融科技出海，只有为当地人民带来真正价值，踏踏实实地提升当地的金融效率，才算真正走出国门。

第六节　科技和金融联姻，马云马化腾建万亿新帝国

2017 年 7 月，蚂蚁金服旗下的杭州保进保险代理有限公司拿到了保险牌照。2017 年 10 月，由腾讯持股 57.8% 的微民保险代理有限公司正式获得保监会批准。这意味着在金融领域，阿里、腾讯的布局又迈进了重要的一步。

最近几年，在金融领域，马云、马化腾进攻态势可谓非常凶猛，网罗了第三方支付、银行、征信、基金销售、保险、小贷等多块金融牌照，打造了各自的金融帝国。

腾讯除了拥有第三方支付财付通、腾讯信用、微民保险代理公司、财付通小额贷款公司等牌照，还出资认购拥有基金销售牌照的好买财富，成为中金公司第三大股东，打造腾讯 FiT，包括理财通、微证券、微黄金

等产品；阿里则拥有支付宝、芝麻信用、阿里小贷等牌照，打造了余额宝，出资成为天弘基金控股股东，还有蚂蚁财富、花呗、借呗、存金宝等产品。

在金融布局上，阿里多次走在腾讯之前布局，腾讯看似慢半拍，却总有强劲的后发力量。在扩张金融版图的战略上，马云、马化腾思路不太一样：阿里是将金融业务独立出来，成立蚂蚁金服进行全面进攻，腾讯则是通过并购、合资与官方申请筹集牌照。

在金融领域比较重要的几块牌照是银行、证券、保险、基金、第三方支付等等，阿里、腾讯在几大金融板块已经展开布局，开始了白热化的竞争。

一、第三方支付

2004 年，阿里巴巴创办了支付宝，致力于为电子商务提供在线支付解决方案。

2005 年 9 月，腾讯正式推出财务通，与拍拍网、腾讯 QQ 融合，助力互联网上的交易支付。

2011 年 5 月，央行下发首批第三方支付牌照，支付宝和财付通均拿到了牌照，在获批企业里面，支付宝和财付通是注册资本最大的两家。

支付宝作为划时代的产品，在 2013 年之前，在第三方支付领域，稳稳占据近七成的市场份额。而腾讯的支付业务包括财付通底层支付平台和微信支付、QQ 支付两个移动支付应用。随着移动支付的迅速发展，阿里与腾讯在支付领域的争夺战更加白热化。

在中国的第三方移动支付市场，阿里和腾讯合计占有超过 90% 的份额。艾媒咨询数据显示：2017 年上半年支付宝和理财通的市场份额分别为 53.8% 和 40.3%，已经形成了双寡头垄断的支付市场格局。

庞大的用户规模是微信支付的发展优势。据企鹅智酷发布的《微信影响力报告》显示，至 2016 年年底，8 亿的微信用户中，6.72 亿用户使用过微信红包，4.6 亿用户使用过微信支付，而支付宝的用户数只有 4.5 亿人，远远落后于微信。

然而，支付宝却在支付金额上领先于微信支付。2016 年，支付宝在中国实现了 1.7 万亿美元的支付额，而微信支付总额为 1.2 万亿美元。

这几年，支付宝和微信支付的争斗随处可见，为了挽回被微信抢占的市场，支付宝推出卡券功能、红包功能等，还定时推出各种活动，比如集福行动等。除此以外，二者的争夺战从国内延伸到海外，阿里已经在超过 26 个国家和地区发展其业务，范围涵盖餐饮、便利店、主题乐园等；微信支付已登陆超过 13 个境外国家和地区，覆盖了全球超过 13 万的境外商户，支持 12 种外币结算服务。

二、理财业务

2013 年 6 月，阿里推出了余额宝，它是蚂蚁金服旗下的余额增值服务和活期资金管理服务产品。目前，余额宝是中国规模最大的货币基金，最新规模高达 1.56 万亿元。阿里还推出了招财宝等产品，2017 年 6 月，蚂蚁金服旗理财平台"蚂蚁聚宝"升级为"蚂蚁财富"，并正式上线"财富号"，汇聚了定期、基金、股票等多个频道和产品。

2014 年年初，腾讯也正式推出了理财通平台，上线了华夏、汇添富、易方达等多家公司的货币基金，还有民生加银、银华等基金的定期理财产品，以及保险、券商等产品。

腾讯曾用微信红包攻击了阿里在支付领域的霸主地位，这两年理财通做得不温不火，是否能再推出爆款值得期待。2017 年 9 月，微信内测"零钱通"，既可以存钱赚钱收益，也可以随时消费，外界认为此举意在对抗余额宝。

阿里通过收购杭州数米基金销售公司，变更为蚂蚁基金销售公司，获得了基金销售牌照；腾讯出资认购好买财富注册资本，成为其第一大股东，好买财富也拥有证监会颁发的独立基金销售牌照。

三、银行业务

腾讯系的微众银行是国内首家互联网民营银行，由腾讯公司及百业源、立业集团等民营企业发起设立，2014 年 12 月经监管机构批准开业。2015 年 1 月 4 日，微众银行完成了第一笔放贷业务，在深圳前海微众银行，李克强总理敲下电脑回车键，卡车司机徐军就拿到了 3.5 万元贷款。

2015 年 5 月，微众银行推出普惠金融贷款产品"微粒贷"，目前，微众银行还有直通银行与汽车金融业务。2016 年，微众银行实现营业收入 24.5 亿元，净利润 4.01 亿元。核心产品"微粒贷"放贷规模迅速扩大，是营收与利润大涨的重要原因。

阿里系的网商银行，2015 年 6 月 25 日正式开业，由蚂蚁金服作为大股东发起设立，是中国第一家基于云计算架构的商业银行。马云说："我们希望能够做一家专注服务小微企业的银行。"网商银行主要围绕阿里电商体系，服务对象主要是小微企业与农户，经营网商贷、旺农贷、余利宝等产品。

网商银行 2016 年净利润 3.15 亿元，2017 年净利润 4.04 亿元，相比较而言，网商银行净利润低于微众银行。

民营银行开放之后，腾讯和蚂蚁金服率先抢到了船票。拥有银行牌照意味着成为可以接入央行征信、受银监会监管的正规军，这对于两家互联网巨头都至关重要。在这方面，腾讯虽有先发优势，但两家民营银行在各自不同领域算是势均力敌。

四、征信业务

2015年1月5日，央行公布了首批获得个人征信牌照的8家机构名单，腾讯、阿里均在其列。

随后，蚂蚁金服率先推出了芝麻信用，通过云计算、机器学习等创新技术，客观呈现个人的信用状况，已经在信用卡、消费金融、融资租赁、租房、分类信息、公共事业服务等上百个场景，为用户、商户提供信用服务。

芝麻信用主要根据海量数据，以用户信用历史、行为偏好、履约能力、身份特质、人脉关系五个维度进行评分。芝麻信用已和神州租车、阿里旅游、ofo、光大银行等合作，开展免押金、先消费后买单、极速贷款等活动。

与芝麻信用相比，腾讯信用还处在公测阶段。腾讯信用主要包括"履约、安全、财富、消费、社交"五大指数，基于用户的历史消费行为，用科学统计方法综合评估结果。腾讯和建设银行、光大银行、招联金融等机构达成合作，信用分可以享受信用卡、微粒贷、易鑫车贷等特权。

未来、阿里、腾讯将占据除央行征信外的巨大市场。但是在信用领域还存在一些问题，比如数据全面性、有效性、合法性，还有对个人隐私的保护、特权等。阿里、腾讯的征信不能算主流，只是在场景里的一种征信方式，是征信的一种细分方式。

五、保险业务

2013 年，马云、马化腾和马明哲联合创立众安保险，获得保监会批复，成为中国首家互联网保险公司。2017 年 9 月，众安在线在香港挂牌上市。

在保险业务上，两大巨头虽然有过合作，但是斗争也很激烈。2017 年 10 月 11 日消息，由腾讯持股的微民保险代理有限公司正式获得了保监会批准。腾讯通过持有微民保险 57.8% 股权，为第一大股东。加上之前参股互联网财险众安保险、互联网寿险和泰人寿、香港英杰华人寿，腾讯已经集齐了财险、寿险、保险代理三张牌照。

然而，阿里的步伐似乎更快一些。2017 年 9 月，保监会公布，由浙江蚂蚁小微金融服务集团 100% 控股的杭州保进保险代理有限公司，获得经营保险代理业务资格。同时，上海蚂蚁韵保保险代理有限公司，参股联网财险众安保险、相互保险信美人寿，同时还控股了国泰财产保险。

在监管趋严、牌照收紧的情况下，获得保险牌照，对阿里、腾讯来说意义重大。未来，腾讯可以在微信、QQ 等平台上卖保险了，蚂蚁也可以在支付宝等平台上卖保险。

六、公募业务

2013 年 10 月，蚂蚁金服以 11.8 亿元人民币认购天弘基金管理有限公司 2.623 亿元的注册资本持 51% 股份，成为最大控股股东，这意味着互联网巨头正式进入公募基金行业。

目前，天弘基金的公募基金规模 1.71 万亿元，加上非公募基金，预计有 2 万亿元左右。业内人士认为，天弘基金将为支付宝盘活资金起到关键作用，未来，也会成为蚂蚁金服理财业务板块的核心支柱。

腾讯在公募方面的布局却不多，2014 年市场曾传出由腾讯和高瓴资本联合发起的公募基金公司最快可能于年内成立，但到现在，高腾基金尚未获批，且不再出现在基金公司审批表上。

腾讯做公募是迟早的事情，未来，腾讯在微信平台和公募基金公司之间的业务交叉和融合最值得业内期待。

七、券商业务

迄今为止，以阿里、腾讯为代表的互联网公司，没有一家拥有境内券商牌照。2015 年 5 月，云锋金融控股持股 73.21% 的附属公司 JadePassion 斥资 26.8 亿港元，认购香港老牌券商瑞东集团 13.4 亿股，此举意味着马云将此家香港券商纳入麾下。紧接着，2015 年下半年，云锋金融按照 CEPA 协议向证监会申请，并筹备成立合资券商云锋证券。但是至今，云锋证券却仍未拿到批文。

2015 年 11 月，蚂蚁金服宣布入股德邦证券，与德邦证券已达成资本层面合作，正在等待监管部门批准。不过时至今日，该笔交易没有成行。

目前，蚂蚁金服已经在旗下多个 APP 设置了"股票"入口，但只能简单的查看行情，不具备真正交易功能。业内人士称："只有能在支付宝上炒股了，才能真正激发这块业务，增加用户对这一功能使用的黏合度。而一旦支付宝平台引入股票交易，又完善了用户在这个平台投资除保险和基金外的其他选择。大众化股票交易将使得支付宝或者蚂蚁聚宝的用户成几何倍数增加。"

腾讯曾多次投资港股、美股交易的富途证券，2017 年 6 月，提供港股、美股交易的富途证券宣布，完成 1.455 亿美元的 C 轮融资，投资者来自腾讯和红杉资本等。2017 年 9 月 20 日，腾讯宣布认购中金公司超 2 亿股 H 股，成为中金公司第三大股东，这被认为是互联网巨头首次间接获得境内券商牌照，此次战略入股中金公司，无疑是腾讯在证券行业的重要一步。

在这之前腾讯也有零星布局，2012 年年初，腾讯收购益盟操盘手并合作推出了股票分析软件"腾讯操盘手"。2014 年 2 月，腾讯和国金证券合作推出"佣金宝"。此外，腾讯上线企业 QQ 证券理财服务平台，中山证券、华林证券等公司纷纷接入。

未来，在券商业务上，阿里和腾讯谁能更胜一筹，勾画出更大的想象空间，我们拭目以待。

第七章

金融科技成为创业新风口

第一节　初创金融科技公司如何赢得资本

在资本时代，企业要想获得长远发展，获得资本方支持是一个硬性条件。对金融科技公司来说，业务相对成熟的企业，比较容易获得资本方关注，而初创企业要想获得资本方青睐，则要困难得多。

一、如何获得资本方青睐

1.打造基石团队

在创业领域，很多创业团队在项目启动之前就能获得资本方支持，尤其在互联网创业项目中，这种情况更为普遍。不过，这些创业项目几乎有一个共同的特征，那就是创业者大多拥有"高贵血统"，其中很多人都是来自 BAT 等互联网行业巨头公司，这些创业者本身具有的人脉和资源，是普通创业者所无法比拟的。

相同的道理，在金融科技创业领域，比如专注于为小微企业提供融资服务，为银行、信托、财富管理公司等机构提供信贷外包服务的大数金融成立四个月获得首轮融资 1 亿元。专注助力中小微企业健康成长的金融科技平台籽微贷在成立之初获得天使轮融资数千万元。

强大的金融背景、科技力量及专业技能是获得资本方的重要因素。据悉，大数金融核心团队来自平安银行，而籽微金融核心团队主要来自渣打银行。因此，对于资源和人脉相对不足的初创金融科技公司，需要建设核心团队，选择志同道合之士组建基石团队至关重要。比如阿里巴巴的十八罗汉、腾讯五虎将等。对于初创金融科技企业，组建基石团队是获得资本方支持的第一步。

2. 合规自律为根、金融安全为魂

近两年，在国家监管引导下，经历野蛮生长的互联网金融行业已得到很大改变。在准入门槛等方面，对平台的要求更高、更严。因此对于初创金融科技企业而言，坚守自律拥抱监管是获得发展的根基。

互联网金融在本质上依然是金融，因此降低风险、保障金融安全应该纳入战略规划章程。行业已就此达成共识，很多企业都纷纷向金融科技转型。

通过金融科技的力量来铸造安全金融，也是获得资方支持的关键因素之一。对于大多数的初创企业来说，在技术研发方面可能受限，这时可以把资源疏导在利用大数据、人工智能等技术方面，集中在加强风险控制及资产配置等环节。而对于一些科技实力强的金融科技公司来说，在风控系统研发、技术输出及咨询服务方面卓有成效，这是大部分初创金融科技公司没有的优势。通过塑造金融安全的愿景，也是打动资方的有效策略。

3.解决市场痛点

对于初创金融科技企业来说，远大的愿景需要敏锐的战略目光作为支持。当一个行业发展到一定阶段，同质化服务严重的时候，必须立足宏观做好微观分析，以微观市场作为切入点抢占先机。

在互联网金融行业，供应链金融和消费金融的现状和前景都比较乐观。比如，在供应链金融领域起步较早的花生金融、消费金融领域信而富等平台，都在各自领域获得了进步。毕竟，供应链金融和消费金融能够切实解决市场痛点。

融资困难，是困扰小微企业发展的痛点，这在餐饮、零售、电商等领域体现得尤为明显。业内专业人士认为，在未来，帮助中小微企业解决融资是金融科技企业可以涉足的一个"蓝海"领域。

从传统银行业务重点来看，大银行的业务重点在于大中型企业客户，零售银行的重点在于中高端客户。小微金融是传统金融机构触及有待提升的领域，通过金融科技助力中小微企业融资，专注小微金融或是行业的下一个风口。

初创金融科技公司获得资本市场的支持，是实现长远发展的基础条件，获得资本市场的支持是一个长期且漫长的过程，初创企业需要努力提高自身的业务创新能力、技术能力，以专业、专注、务实来打动资方，从而为自己的壮大增加砝码。

二、初创金融科技公司 Airwallex 获得资市方支持

2017 年 5 月，创立于澳大利亚墨尔本的金融科技公司 Airwallex 宣布，获得腾讯领投、红杉资本中国基金、万事达投资的数千万美元 A 轮融资，Pre-A 轮投资人戈壁创投追加投资。

Airwallex 创建了一个全新的外汇交易支付网络，Airwallex 的联合创始人兼 CEO Jack Zhang 表示，在 Airwallex 上，企业可以发送、支付指定货币的发票，然后按照同业银行间提供的汇率市场中间价进行兑换。该平台是一个支付网络，它所提供的是更快捷、更便宜的支付方式。该平台每秒钟可以支持成千上万单交易，比现有的交易网络更划算也更高效。

与 Transfer 这类的国际转账机构不同，Airwallex 更注重企业公司的方向，在某种程度上，使全国各企业的支付方式变得更简易、成本更低。该平台和腾讯合作，希望能降低腾讯微信后台的支付功能在国外的成本。

Airwalle 花了近 6 个月的时间才完成 A 轮融资，该公司希望进入亚洲市场，腾讯参与融资对于该公司来说有特殊的意义。所有投资者均都看好金融科技，认为未来 10 年该领域有非常大的前景。

红杉资本表示，参与 Airwallex 的融资是该企业在澳大利亚进行的首项投资。红杉资本基金合伙人计越表示，外汇交易是很多企业进行跨境交易时面临的一大挑战，Airwallex 的平台能够解决其中存在的许多问题，因此愿意为初创金融科技公司 Airwallex 提供支持。

Jack Zhang 表示，他们的目标是，连接全世界的支付公司，使各企业能够轻松处理跨境交易。

澳大利亚财政部长 Scott Morrison 说："澳大利亚技术公司的融资力度正在强劲增长，Airwallex 把握机遇，用'澳洲智慧'颠覆了本土初创企业在全球金融服务市场中的地位。很高兴能在 Airwallex 这样的创业公司中看到，澳洲的尖端技术在世界上中可以取得成功。"

第二节　为什么初创金融科技公司容易被收购

一些表现不佳的金融科技公司，也往往会被收购。这类公司不仅收购金额和估值均过高，而且很容易亏损，但为什么依然有人愿意为初创金融科技公司砸钱呢？

一、为什么初创金融科技公司会被收购

1.降低获客成本

在全世界的范围内，银行提供的产品几乎都是一样的，唯一有区别的，可能就是利率有所不同，这也是客户获取成本越来越高的原因所在。比如，

获得一个中小企业客户，一家美国银行需要200美元成本，而一家金融初创公司只需20美元，那么银行收购这家金融初创公司就是明智之举。完成这样的收购之后，传统银行大幅降低获客成本，可以继续提供老服务和产品，但利润却能变得更高。

2. 利用创新打造知名度

对于大银行来说，每年在广告投入上要砸数千万美元，在营销活动上砸数百万美元，支付推广公司的费用更是会突破十位数。但是，最后的广告效果似乎并无太大差异。金融科技公司不会花大价钱去做广告，而是通过创新产品打造知名度。利用创新才能让产品和竞争对手有所区别，然后再把这种创新复制到其他产品上。

3. 降低贷款风险

如何降低贷款风险，是银联家们的一个持续性痛点。而初创金融科技公司在提供贷款之前，通常会收集大量客户信息。这样、收购金融科技公司以后，银行能在较低的风险下提供贷款服务。如果银行对某家公司的财务状况、拥有的客户数量、公司所选择的服务范围等因素都非常了解，那么贷款风险就会变得更低。

4. 收购人才

西班牙对外银行BBVA斥资1.17亿美元收购美国虚拟银行服务商Simple，当人们问他们为什么收购一家尚未盈利的公司时，他们说，BBVA收购的是一支拥有36个优秀人才的创业团队，这个团队不需要规划，也不需要培训，他们知道自己的目标，也指导如何实现目标。

包括谷歌、Facebook以及雅虎在内的巨头，也都将收购初创金融科技公司作为一种人力资源策略了。

5. 帮助企业进入新行业领域

除了传统银行，一些电信和互联网巨头，也会关注一些非本土的金融科技公司。这些巨头企业拥有雄厚的资金，庞大的客户群，同时也渴望为其客户提供更多线上产品，它们不想收购银行，而是渴望收购初创金融科技公司。

6.给传统企业注入新鲜血液

传统银行的员工数量都很庞大，而且工作认真，也能为银行带来利润，通常情况下，银行不会解雇员工。但是，这种状况也给想要改革的银行核心管理层和人力资源部门带来了极大的困扰。在这种情况下，收购一家初创金融科技公司，就如给一个衰老的身体输入了新鲜血液。

7.弥补企业自身的短板

来自 LifeSREDA 风投的 Vladislay Solodkiy 说道："我犯了一个错误，当初波士顿移动支付创业公司 Looppay 来找我们，我们没有投资他们，因为当时虽然觉得这是一个很独特的初创金融科技公司，但是估值有些过高，而且这家公司的销售业绩也比较低。"

但是仅仅三个月后，三星就把 Looppay 收入囊中，三星这样回应："们和苹果竞争，产品销售遍布全球，但是我们没有能与 Apple Pay 抗衡的支付解决方案，因此只能通过收购来弥补自己的短板。"

在收购初创金融科技公司的时候，不要被纸面上的数字迷惑，而要关注创业者，关注创业公司的愿景，以及他们的产品。如果他们非常独特，该出手时就出手，并且牢牢抓住他们。

美国高盛和西班牙对外银行的 CEO 都表示："不要等到有人来颠覆你的市场，你需要通过各种手段自我颠覆，比如与他人合作，投资或收购新创科技公司；不仅要给你的企业带来新想法和新技术，更要改变整个企业的思维方式。特别是对于传统银行来说，尽量少用华尔街思维，而是要用硅谷思维去创新。"

收购金融科技公司，不要局限在当下，比如不要因为一家初创金融科技公司现金流不佳，就忽视了它们的未来前景。曾经有人问过知名投资人 Yuri Milner，他为什么能投资到一些过去不盈利，但是之后获得很好业绩的创业公司？他回答说："这个世界有很多钱，因此钱的价值会变得越来越低，而此时，专注度就变成了最有价值的东西。"

二、摩根大通收购初创金融科技公司 WePay

2017 年 10 月，摩根大通决定收购在线支付初创金融科技公司 WePay，这是其第一宗针对金融科技公司的重大收购行动。该投资银行称，他们将向 400 万小微企业客户提供 WePay 支付服务。

Chase Merchant Services 首席执行官 Matt Kane 在声明中表示："有了 WePay，美国大通能够将支付业务从我们的客户和客户的软件服务商中剥离出来。我们通过便捷支付促进经济增长，企业能便捷、及时收到付款，从而不会错失订单。"

WePay 是一家硅谷高科技公司，向在线商务平台提供支付服务。这家公司研发了各类通用的 API 接口，实现了其支付功能与其他软件的结合。API 是一种标准化的数据接口，允许不同软件组件彼此相互通信。

据华尔街日报报道，此次收购报价将高于 WePay 在 2015 年融资时达到的 2.2 亿美元的市场估值。WePay 的创始人及首席执行官 Bill Clerico 表示："借助摩根大通全球的影响力、品牌和规模优势，成为大通家族的一员，将有助于我们向不断增长的平台合作伙伴和企业提供更好的服务。大通不仅是世界最大的金融渠道机构之一，还拥有极佳的口碑，并且在硅谷拥有顶级技术和优秀人才。"

金融机构对金融科技公司表现出越来越强烈的收购欲望，2017 年 8 月，信用卡数据服务公司 Vantiv 斥资 104 亿美元收购了支付数据公司 Worldpay。2017 年 10 月，Bernstain 的分析师预测，PayPal 将向支付公司投资数十亿美元，Square、Stripe 以及 Adyen 皆在其投资范围内。

第三节　金融科技公司如何寻找潜在客户

　　我们可以说，金融科技公司的潜在用户，就在传统金融机构那里。金融科技从业者真正要做的事情，就是通过技术与金融的结合升级金融服务，进而把传统金融服务的用户或是渴望得到金融机构服务的用户吸引过来。

　　中国有一个快速增长的中产阶层，他们缺乏优质的金融服务，他们大量的需求没有得到满足，如果金融科技能够很好地满足他们的金融需求，他们将是一个巨大的潜在客户群。

一、科技带来金融服务的提升，以财富管理为例

1. 用户体验提升

大部分投资者，可能都没有接触过财富管理服务。因为享受私人财富管理这类服务的门槛非常高，在传统金融机构至少需要 100 万元的投资门槛，也只是获得一些理财产品的推荐，要想获得更多的增值服务，需要达到 500 万元的投资门槛。如果要享受顶级的财富管理服务，门槛要在千万元的级别。

从财富管理的本质而言，其业务形式从中世纪诞生以来就没有发生过重大变化，其基本流程为：客户需求、提出解决需求的方案、完成方案所需要的交易，为客户重新调整方案。

进行财务管理时，绝大部分执行和调整的工作都是由人工完成。也正是因为这样，财富管理的服务往往意味着高门槛，高费率和耗费时间的沟通，毕竟，私人银行家无法为广大投资者提供优质的服务。

金融科技通过创新技术，可以大幅降低财富管理业务的人工成本，从而提高用户的体验。Robo advisor 的先驱者 Wealthfront 和 Betterment 率先将投资门槛从 100 万美元降至 5000 美元，费率也由 1% ~ 2% 降至 0.25%，高效地解决了中产家庭渴求的财富管理服务。

无论是中国还是美国，财富管理的需求是相同的，在中国，数量庞大的中产家庭需要金融科技为他们开发出更好的产品，解决他们最急切的金融需求。

2. 把人的影响降到最低

一个世纪以来，为投资者进行财富管理决策的都是人，在全球金融市场高度联通高度发达的今天，人对于投资的经验具有一定的局限性。在全球数百个金融市场中，有海量的因子影响资产价格的表现，这已经远远超出了人脑的处理能力。

关于人在投资决策中的作用，最著名的案例应该就是巴菲特的赌局

了。2005 年，巴菲特立下 100 万美元赌局：以 10 年为期，对冲基金的表现能否跑赢标普 500 指数。2008 年，一位对冲基金的合伙人选择了 5 支对冲基金构成组合，欲与巴菲特一决高下。九年时间过去了，标普 500 指数基金的年化回报率达到了 7.1%，而对冲基金组合年化收益率却只有 2.2%。

因此，在进行长期投资时候，最好的方法是把决策权交给机器算法去获取市场的 β 收益，因为绝大多数的基金经理都无法长期跑赢市场。算法可以通过大数据配合现代组合理论，资本资产定价模型，三因子模型等，为投资决策获取精确的结果。这个结果并不是去根据预测性时间赌某一类资产的涨跌，而是在把握市场数据的前提下，进而获得长期稳健的收益。

3.场景化投资的实现

每个家庭处在不同的阶段，组建家庭、新生命诞生，还是准备退休的生活，相关的财务方案都会有相应的改变。在金融科技的范畴中，需要算法来满足人生中不同阶段的金融需求。在未来，金融科技在财富管理方面的应用，会做到像每个家庭的财富管家一样，通过对用户收入、负债和财务需求的分析，满足每个家庭的金融需求。

当金融机构通过科技的升级，真正解决了用户的需求时，潜在用户就会转化为真正用户了。

二、传统金融机构的觉醒

随着中国中产阶层的不断壮大与金融需求的增加，这个市场必然会成为金融科技企业与传统金融企业争夺的主战场。有预测显示，到2020年，新兴的金融科技公司将抢走大型金融机构 24% 的收入。

当然，传统的金融机构也并没有坐以待毙，60%的传统金融机构已经把金融科技置于企业的核心战略。事实上，传统金融机构一直在拥抱技术进步。比如，1971年纳斯达克建立时使用了计算机自动撮合和清算系统，1977年花旗集团率先将ATM引入了银行系统，20世纪90年代嘉信理财率先构建了互联网证券交易平台，这些都是科技和金融结合的成功案例。

在新的时代，高盛和摩根大通都声明自己"是一家科技公司"。在普华永道的《2017年全球金融科技调查中国概要》显示，大部分中国金融机构受访者预计，未来三至五年内将加强与金融科技公司的合作。

在这样的机遇下，金融科技公司也有了非常好的发展前景。一般来说，机构自主研发需要通过前期调研、立项、审批、团队组建等流程，耗费时间较长，而且人才的局限性也限制了一些金融机构在金融科技上的业务扩张能力，因此通过和金融科技公司合作，传统金融机构能够缩短上线流程，提早提供好的服务。

在财富管理和投资领域，我们看到了高盛和Kensh、贝莱德和FutureAdvisor、Fidelity和Betterment等组合。在中国，华泰证券也投资了AssetMark。可见金融科技企业与传统金融机构将会永远这样相爱相杀下去。

第四节　金融科技的下一个"蓝海"是什么

在金融科技市场，出现了大量的上市公司，这充分表明金融科技公司正在迎来收割季。一方面，监管政策变得愈加清晰，即降低了实力派玩家的政策不确定性，也将鱼龙混杂的市场进行了清理；另一方面，金融科技公司在用户圈占完毕后，已经形成了稳定的市场地位，不用再将主要精力放在跑马圈地上，可以积极探索健康可持续的变现模式，进而走向 IPO。

当一个市场进入收割季的市场，往往意味着其对创业者关闭了大门。就如吴军在《浪潮之巅》中所言：一个成熟市场，老大会拿走 60% ~ 70% 的份额，老二、老三会拿走 20% 的市场，剩下的 10% 被众多中小玩家瓜分，当一个市场已经有显著的老大，甚至老二、老三后，创业者再进入这个市场是不明智的行为。尤其是当一个领域出现上市公司后，更是没有创业者的机会了，因为成功的公司通过 IPO 募集的资金又可以强化和扩张业务。目前，至少支付、借贷、保险等领域已经成为红海市场，留给创业者的机会不多。

不过，这并不意味着金融科技市场没有创业的机会。回顾互联网历史不难发现，每一波上市公司潮中就会诞生下一波新兴赢家，比如搜狐、网易和新浪在 2000 年左右 IPO 时，BAT 才刚刚成立。创业者是否还有机会的关键，就在于能否在巨头已经出现时另辟蹊径，找到下一个"蓝海"。

出现上市公司的市场趋于成熟，密集融资的市场则还处于高速成长中，这些市场就是当下金融科技的新"蓝海"，结合相关融资消息来看，下面这些金融科技细分市场很具潜力：

一、消费金融

2017 年 4 月，国家金融与发展实验室发布的《中国消费金融创新报告》显示："我国当前消费金融市场规模估计接近 6 万亿元，如果按照 20% 的增速预测，我国消费信贷规模到 2020 年可超过 12 万亿元。"

2015 年 6 月，国务院常务会议决定放开消费金融的市场准入，2015 年 11 月，国务院发布《关于积极发挥新消费引领作用加快培训新供给动力指导意见》，加速消费金融发展，与教育、装修、汽车和零售等结合的消费金融不断出现，部分消费金融服务开始普及。

蚂蚁花呗和京东白是最知名的大众消费金融产品，然而，它们只是消费金融市场的冰山一角，中国拥有超过 5 亿互联网用户没有信用卡却有消费需求，同时，即使有信用卡，许多消费场景也无法得到好的金融服务，这给互联网消费金融带来机会。

一方面，拥有消费场景或征信数据的超级平台推出自己的消费金融产品，比如天猫、京东等电商巨头的分期业务，海尔、苏宁等传统零售巨头的消费金融业务，去哪儿、携程等 OTA 平台的分期等等；另一方面，每一个行业都有大量的独立消费金融玩家，因为不同行业壁垒较高、客户资源很难共享、消费场景截然不同，所以消费金融很难一家通吃，对于创业者来说，深耕某个消费场景，争取与互联网巨头或者传统金融机构合作。

截至目前，消费金融的明星公司已有美利金融、麦子金服、买单侠等数十家，堪称百花齐放。

二、财务金融

2017 年 10 月，个人理财应用服务商随手科技获得来自全球私募股权投资机构 KKR 领投的 2 亿美元 C 轮融资。在这之前，随手已获得包括红杉资本、复星集团以及源码资本在内的投资。在许多人看来，随手只是一款记账软件，顶多只能通过给金融科技公司导流获利。事实上随手不只是一款记账软件，它帮助用户进行更好的个人财务管理的同时也提供金融服务，也属于金融科技公司的范畴。

随手科技开创的是一个正在崛起的细分金融科技市场：财务金融，就是指将财务管理与金融服务结合在一起，基于个人财务安排而研发的金融行为。消费金融抓住的是消费场景，财务金融抓住的是财务管理场景。

余额宝、微信理财通让中国大众用户明白了，理财不只有银行储蓄这种方式。网贷和消费金融公司，则让中国用户更便捷地借钱。财务金融要做是让用户更加合理、有效和科学地获取金融服务。

财务金融有望成为下一个金融科技的"蓝海"，这是因为：

财务管理有很好的用户基础。随着可支配收入增加，家庭财务场景正在复杂化，财务规划管理意识将越来越高，一个直接体现就是用手机记账的人多了。不过，从渗透率来看，记账用户还有非常大的增长空间，这是用户"蓝海"。

财务金融有清晰的商业模式。用户理财意识变强的同时，可获取的金融服务也变得前所未有的丰富。金融服务的选择也成了一个痛点，在获取金融服务时，只要与财务管理结合就能科学决策。财务管理软件通过获取的海量理财数据，可以成为用户的智能投资顾问，让用户进行更有效的投资。

互联网理财和借贷的增长，将给财务金融带来了巨大的增长空间。比如成立于 1983 年的财务金融始祖美国 intuit，全球拥有超过 1 万名员工，年收入已超过 50 亿美元，最新市值 37.38 亿美元。中国的随手科技，2016 年营收也超过 4 亿元并实现全年盈利。KKR 投资随手科技也表明，中国财务金融市场正在被美国资本市场重视，有望诞生下一个 intuit。

三、农村金融

马云说过："新金融"的核心价值，是将过去金融业的 28 改为 82——不再像传统金融机构那样从 20% 的顶部客户上赚取 80% 的利润，而是从 80% 的长尾客户上获取，要关注没钱的人，这也是百度金融等金融科技公司所倡导的"惠普金融"的价值所在。

说到长尾客户，就不得不提农村市场，中国有 9 亿农民，他们能接触到的金融服务可能只是储蓄汇款取现。事实上，他们所面对的不只是"金融鸿沟"，还有信息鸿沟、物质鸿沟、教育鸿沟等等。而移动互联网的普及正在改变这种现象，许多用户通过手机接入了移动互联网，从而也接入了包括金融在内的各种互联网服务。

农村用户对金融服务均有刚性需求，在购买生产资料、加工业收购粮食，土地流转等生产环节都有贷款需求。在消费环节，农村物质消费正在前所未有的强劲，买小汽车摩托车电动车或者家电等都有分期需求。

不过，农村金融也存在一定的挑战：一是监管方面对涉及三农问题的农村金融十分严格，因为农民用户群体较为单纯容易被骗，金融创新很可能出现非法集资、金融诈骗等问题，政策鼓励农村金融创新更多是支持传统金融机构；二是农民群体征信数据较少，如何做风控是巨大挑战；三是农民群体可能更相信银行或者信用社，让他们接受新金融有一定的难度。

金融科技的"蓝海"不限于上述三个细分市场，人工智能、大数据等技术日趋成熟和普及，移动互联网覆盖更多人群、获取更多数据和涉足更多场景，都给金融科技玩家带来了大量的新机会。

第五节　金融科技创业公司大盘点

从 2007 年"拍拍贷"诞生，2013 年"余额宝"上线，2016 年年底招商银行上线"摩羯智投"，到 2017 年众安在线、趣店、和信贷、拍拍贷、简普科技等集体上市，中国的金融科技概念已经火了十多年了。

真正提高金融行业效率，是用科技重构金融行业，而不是将传统线下的模式搬到线上去执行。2015 年前后，美国已经开始通过大数据、人工智能、区块链这些创新技术，改变传统的金融信息采集来源、投资决策过程、信用中介角色等，金融科技已经进入到 3.0 时代。

在国外，金融科技的风口已经从消费金融环节转向了企业级服务的环节。2017 年 3 月，摩根大通开发了一款金融合同解析软件 COIN。经测试，原先需要律师和贷款人员 360000 小时才能完成的工作，COIN 只需几秒就能完成。

智能投研机构 Kensho 被誉为"华尔街之狼"，公司产品 Warren 试图通过构建事件数据库及知识图谱的综合图表模型，解决投资分析中的挑战性难题。公司客户包括金融机构和商业媒体，未来有望拓展至美国政府部门。

金融是一个文档、数据密集型的行业，需要从各个渠道收集、整合信息，故自然语言处理（NLP）与计算机视觉深度（CV）的融合则成为金融科技 3.0 时代最重要的技术。能够真正将 NLP+CV 技术实现应用场景化的金融科技公司，才是未来真正颠覆中国金融行业业务模式及运营规则的独角兽。

盘点一下目前中国市场上所有核心技术为 NLP+CV 的金融科技创业公司，对每家公司可试用的产品均进行实操体验，同时结合公司的创始背景、融资情况，可以将这些创业公司划分为三类：第一类公司优势明显，已经深耕所在的细分领域，或者是空白细分领域的先锋；第二类型的公司产品偏向智能数据和分析工具服务商；第三类型的公司产品功能尚不明确或者公开信息不全。

一、未来的独角兽

在第一类型的公司中，和其他几家公司相比，阡寻科技成立较早，其智能投研产品的应用已经较为成熟。庖丁科技专注于提供金融语义理解智能化解决方案，是金融文档实时、精确、全自动结构化领域的先入者。VC SaaS 致力于创投企业办公云平台的开发；鼎复数据和文因互联都强调其知识图谱的构建。

1. 阡寻科技

阡寻科技成立之时就备受业界关注，公司官网上对自己的描述是：

是一家专注于金融科技领域的高金融科技集团，致力于通过包括人工智能在内的信息科技手段重构中国金融业态。2015 年成立至今，公司目前的产品有股票对话机器人阡宝、智能投研系统以及实时监测市场的智能资讯。

2. 庖丁科技

庖丁科技是一家将金融市场知识多维度深层次结构化的人工智能高科技公司，致力于让计算机能够真正读懂金融语义，理解业务知识，帮助资本市场全产业链各参与机构提升工作效率或最终增加业务收入。公司的三位创始人分别是来自 AI 领域的科学家、成功的互联网行业连续创业者和金融行业资深从业人士。

庖丁科技推出了两个可供使用和测试的产品：AutoDoc 和 PDFlux。AutoDoc 能够对金融文档中的勾稽关系进行检查、核对财务数据和指标、数据的变动和比例以及错别字。

3. VC SaaS

VC SaaS 致力于开发创投业办公工具，公司已经开发出平台 2.0 版本，是贯穿投前、投中、投后全流程的云办公平台。同时，公司现在也开始涉及行研报告领域，自建数据爬虫并有众多的数据采集源，通过公开渠道进行数据采集并进行自然语义处理，最终产出不同的行业报告和数据报告。

4. 鼎复数据

鼎复数据是为金融机构的资产端业务提供研究数据、数据处理工具以及智能投研平台的科技公司。公司的产品是股票二级市场的投资研究平台，其中包含了个股信息查询、鼎复金融搜索引擎、PDF 解析工具等。

5. 文因互联

文因互联是一家智能金融技术与服务提供商，主要提供自动化公告摘要、自动化报告写作、金融搜索等智能金融核心工具。

二、"Wind +"

Wind 是金融人士常用的金融数据和分析工具服务商，数据的来源更多地依靠大量人工采集。很多创业公司的 2C 产品较为简单，仍是深度数据挖掘，数据间未见明显的关联性和预测，产品功能类似智能版 Wind。有些金融科技公司将这些采集工作交给了更多的人工智能，或仅是在现有数据上进行了可视化分析，产品较为同质化，市场竞争激烈。

1. AlphaFA 知著

这家公司的核心产品是企业及行业信息整合的搜索引擎，可以搜索上市公司相关基本面信息和行业信息，包括企业基本情况、财务数据分析、企业发展趋势分析和企业综合分析。主要的核心技术还是数据挖掘、整合和常见的金融模型的组合。比如，查询金融科技行业相关信息，AlphaFA 知著就可以显示其中有哪些主板上市公司、中小板上市公司、创业板上市公司，以及行业净利润平均数等历史信息。

2. IBDATA

官方网站上介绍，这家公司产品为信批搜索、深度搜索、项目尽调、投研应用。除了投研应用之外，其他产品开放试用。

3. 企名片

企名片官网号称，该公司能够提供更加丰富的一级市场企业数据、二级市场公告和财报结构化数据、国内外企业基本面数据，满足金融机构和专业人士个性化的数据导出服务和行业研究需求。该公司的产品非常简单，仅是将创业公司的基本信息、融资历史、公司团队、相关竞品等信息进行汇总，核心技术还是在数据挖掘，并未见到更多的智能语义理解，信息之间的关联。

4. 通联数据

通联数据背靠大企业万向集团，百度百科中显示中国企业 500 强第 127 位。公司的产品有基本面研究平台萝卜投研，量化投资平台优矿，对接资金方和管理人的 FOF/MOM 管理平台通联魔方，以及金融科技最常见的智能投顾。

萝卜投研是对公司基本面数据进行汇总，信息很全面，主要面向企业用户能体验到的金融模型算法后的一些结论，优矿和一个量化投资平台的讨论社区差不多，通联魔方类似一个基金经理和买基金的人的交易平台。

5. 数库科技

成立于 2009 年的数库科技，是基于机器学习算法的大数据量化分析公司。公司的核心技术是通过数库独家的挖掘以及分析工具，可以使非结构化、半结构化的数据结构化，使无序没有关联的数据产生关联性，进而实现数据智能化，为用户提供精准而又全面的技术服务。

数库科技专注的数据是行业和产业链的，爬虫得到的数据需要被结构化之后再次整合。目前公司的产品有 SAM 行业分析工具，和基于 SAM 而衍生的产业链的分析工具。

6. 因果树

官方网站上对产品的介绍是，创投信息数据库、产业链数据洞察系统、数据智能定制解决方案。他们的主打技术是自有智能标签体系和企业关联图谱，能将企业准确的分门别类，帮助投资者分析。

三、产品功能尚不明确的创业公司

1. 阿博茨

阿博茨公司的名字来源于 ABC 的中文拼音，A 代表 AI、B 代表 Block chain 区块链、C 代表 Cloud 云技术。2016 年，公司开发了区块链的应用产品同心互助，2017 年却关闭区块链相关的业务转向人工智能。公司的两款金融科技产品，"Modeling.ai"的功能是提升金融专业人士投资研究效率，"Eversight.ai"则是数据预测产品。

2. 青椒科技

在青椒科技的相关媒体公开报道中，公司主要业务是：金融信息智能处理、人机交互交易系统和智能投顾＋资管。核心产品是针对二手材料开发了智能研报处理系统，每天抓取研报，按照算法模型处理后，生成各种综合简报和图谱。

3. 香侬科技

香侬科技是一家面向金融领域的人工智能公司，旨在用人工智能算法分析、提取、整合海量金融信息。该公司在 2018 年 1 月获得天使轮融资，公司官网显示公司主要业务是创投信息数据库、产业链数据洞察系统、数据智能定制解决方案。

以上就是针对核心技术为 NLP+CV 的金融行业企业级服务的创业公司的盘点情况。能够真正将 NLP+CV 技术实现应用场景化的这些金融科技公司，最终将会走得更远，成为金融科技 3.0 时代的独角兽，甚至能拓展至全行业中去。

第六节　金融科技行业巨头为何要"去金融"

从"互联网金融"到"金融科技",随着新技术的发展与市场环境的变化,巨头们的标签也随之产生变化。然而,就在金融科技发展日新月异之时,一些巨头却开始了"去金融化"。2017 年 4 月,蚂蚁金服曾宣称未来只做科技,帮助金融机构做好金融服务。2018 年以来,京东金融、百度金融、乐信都纷纷宣称不做金融。尽管金融科技企业纷纷"去金融化",但事实是,这些金融科技公司手握小贷、保险、基金等各类金融业务牌照,而且,对于一些尚未拥有的金融牌照志在必得。

另一方面,传统商业银行却逐渐从与金融科技公司携手合作,转变为大力发展自主研究金融科技领域。2018 年 4 月,建设银行成立了全资金融科技公司建信金融科技有限公司,这是国有大型银行的首次尝试。此前,平安银行、招商银行等股份制商业银行早已入局金融科技领域,从上市银行 2017 年年报中可以看到，不少银行均提及向"智能化"转型，加速布局金融科技。

一、金融科技企业为何要"去金融"

业内专业人士认为，金融科技企业去金融化是一种正常的现象，在金融科技发展早期，金融机构、类金融组织或者纯粹的金融科技企业，更多是在既定轨道下探索自身业务的改进。在多元化情况下，不同的金融服务提供主体面对新的市场需求、政策环境，跳出原有的单一的发展模式，做出多样化的选择。

金融是需要牌照的特殊行业，获取牌照需要漫长的过程和高昂的成本，这和联网企业的轻资本和轻资产的模式是相悖的，把有限的资本金投到一个牌照上，是不符合企业利润最大化的需求的。所以从这个角度来说，金融企业对牌照有投资的兴趣，但从长期来看，它不会把大量的资本金投到一个资本金很重的牌照里面去。

在金融牌照对其金融科技企业"去金融化的影响之外，监管的逐渐收紧也是金融科技企业剥掉金融标签的重要原因。

从监管角度来看，当前国内对于整个金融监管进入了一个长期的越来越严格的时期。在这种情况下，如果涉足金融业务，就会面临的前所未有的严监管的环境。无论是来自政策，还是市场本身，这两方面构成了当前金融科技企业重新选择发展方向的重要因素。

在业内人士看来，"去金融化"只是金融科技巨头战略思路的调整，未来在其业务实践中究竟如何发展，还需要进一步地观察。因为，从理论上说，巨头们原有的金融牌照，或者涉足的金融业务，不是那么简单能够退出的。同时，金融科技公司又强调自己要为更多的金融机构提供技术输出或者技术支撑，所以未来这些机构面临的最大挑战，不是金融业务怎么样退出，而是从事的金融业务他想要做的技术输出这一块，如何在风险、组织架构、利益关系上能够有效地隔离。

二、银行态度为何产生变化

继此前四大行分别于 BATJ 达成金融科技方面战略合作后，传统商业银行一改往常较为保守的态度，开始在金融科技领域逐渐发力。

业内人士认为，目前，科技更多仍是作为手段，金融科技给银行带来的改变略有夸大，银行想要更好地满足客户服务需求，最重要的是基于数字化的决策和运营过程，这个过程的重新构建，对于银行而言是充满挑战的。

包商银行行长助理刘鑫认为："结合我们自己做的业务来说，我们在内部有一个数字银行事业部，具体还有三化，数字化、移动化、深度场景化。数字化很好理解，我们所有的行为、所有的瞬间都被记录下来。第二是移动化，我们最早做数字银行的时候，我们想 PC 不要了就要手机，因为现在手机是个人跟世界交流的唯一媒介。第三是深度场景化。客户现在面临的需求满足完全一体化，对客户来说什么业态无所谓，只要需求能满足，就像经常拿微信发红包，对银行来说底层就是转账业务，非常简单的一个存贷汇里面的汇的业务，但是在发红包、收红包、抢红包的过程中，是体会不到做一个银行业务感觉的，这是一个无缝连接的商业服务流程一体化的过程。所以在这样一个大趋势下，银行只能深度场景化，要完全融合和嵌入进去以后才能触达客户，这个是一个大的趋势，这个对银行来说挑战是最大的，这是未来银行真正应对市场变化和客户需求变化所做出的应对策略的核心原则。"

国家金融与发展实验室副主任杨涛认为，大型商业银行与金融科技巨头的合作没有达到市场的预期，二者核心优势、核心数据进行互换并不容易。而在银行与金融科技企业的合作中，合作主体的变化或许是二者互补有效性的关键。

杨涛表示："中小银行跨区经营问题遭受很大的约束，其面临的客户也在老龄化，在原有的区域内，很难进一步拓展客户，能否跟金融科技企业合作，某种程度实现跨区域运营，对他们来说是非常现实的挑战。而对于金融科技企业来说，尤其中小金融科技企业，缺乏有效的资金来源，也缺乏对金融的深刻理解，这就使得二者之间在不同的主体之间可能找到一些共赢的点，所以最核心的问题，还是看合作的双方能不能真正有一些非常迫切优势互补的领域，如果没有这些领域的话，短期内更多是一个形式上的战略合作。"

在未来，行业的发展主要还是以客户行为与产业生态环境的变化为核心，在适应新业态的过程中，金融产品外部化的趋势将越来越明显。由互联网企业以及传统银行分离出的金融科技公司，会对金融科技领域新产业与新行业分工的发展产生一定影响。

第八章

传统银行该如何破局

第一节　传统银行业的发展困局

伴随着我国的经济发展以及金融体系的深化改革，中国银行业的整体格局发生了很大的变化，在国际上的重要性及影响力也大幅提升。与此同时，面对全球金融科技的快速发展，中国银行业面也面临严峻的考验。

一、银行业遭遇发展困局

1. 市场变化

从 2015 年下半年开始，全球经济处于很复杂的状态。与 2008 年的经济下行有着明显的不同，这一波经济下行趋势中，银行业受到的冲击非常明显。在这种导向下，银行业以及整个社会环境，将会受 2015 年经济下行影响。即使不考虑人为因素，这种市场下，银行发展的环境是越来越差的。

抑制资产泡沫。中国资产只有股票和房产最有价值。股市从最低 2000 点左右上升到了 3000 多，经历了近 3 年。其实，上市公司数量大增，真正提升的经济水平并不高。那么需要抑制的就只能是房地产了，房地产对银行的影响，不仅仅是银行的开发贷款是否能回收，更多的是影响具有较高消费能力的城市中产阶级的生活状况。房价，升不敢升，降不敢降，而对银行来说就是"缺钱"，不仅缺存款，也缺贷款。

人民币对外投资。国家没钱，却加大人民币对外投资。外汇储备不能动，同时稳住人民币汇率，加大人民币在海外市场的结算地位。这样，银行更没钱了。

治理金融乱象。治理金融乱象，表面上看是防范风险，实际上是将风险提前暴露出来。银行人认为，外面的金融乱成一团，客户们就可以收心回到银行了。可事实并不是这样，无论哪里出现了问题，整个行业都会受到牵连。

国家政策。国家推行去杠杆、经济全球化、资本市场等政策，对国家是大好消息，带来了巨大的机会。但这些机会不属于银行，对老百姓和银行，是一段去泡沫和压实经济的紧日子。

2. 风险激增

不良贷款增长。在贷款方面出现不良率激增的现象，普华永道数据显示，中国银行业 2017 年中期，不良贷款余额比 2016 年年末增长了 4.24%。从"逾期 90 天及以上贷款与不良余额之比"来看，除了股份制银行是持平的，其他各类银行的比例都是上升。

与此同时，近几年来银行各类案件频发，从几个亿到上百亿的票据案吸引了公众的视线。视线之外，更多造成损失的、未造成损失的案件不计其数。治理金融乱象，开展的大检查活动，会将长期埋藏的各类案件暴露出来，又会掀起一波信任危机。

仅 2018 年 4 月，全国各级银监部门一共公布了 81 张罚单。出现罚单的现象，一方面说明收到罚单的银行管理混乱，同时也说明监管部门缺乏监管能力。

所以，这一次经济下行，银行的核心风险并不是技术层面的经营风险，而是管理层面的信任风险。

3. 竞争加剧

机构的竞争。银行的竞争对手已经跨界，比如网商银行、微众银行，还有京东金融、玖富理财、趣分期……各种在线理财切割银行市场，在先理财的线下门店已经开到了银行的身边。

人才的竞争。金融业的产品没有差异的时候，强调销售貌似就成了唯一的出路。可是销售又是入门门槛最低的行业，高学历员工被压在柜台，看不到前途的失望，与银行业绩形成了一个鲜明的悖论。

4. 客户流失

银行网点见不到客户。银行为了降低柜面压力，降低服务成本，大力推进线上银行。同时，互联网三方支付迅速占领市场，银行网点越来越见不到客户。再加上强监管时期，银行内部的业务流程复杂，业务效率极低，客户体验不断下降，导致银行网点的客户越来越少。

大批存量客户处于休眠状态。除去支付，人们对银行的合理交互频度，应该是在每月 1 次以上，达不到这个标准，且 0 余额的都属于流失客户。但是对银行来说，只有约 1/6 的客户才能达标。

场景隔离客户。互联网经济成了压死骆驼的最后一根稻草，在线服务、软件即服务的兴起，让银行业核心竞争力正在不断流失。

5. 利润下滑

在银行，体现在利润上，与业务规模配套的资产规模不断提升，但资产利润水平却在不断下降。

二、竞争对手变化

市场环境变化快，竞争对手变化更快，以前竞争好歹都是一个起跑线上的银行业的。可现在的竞争对手都是斜线超车，从科技行业一个侧身就撞了过来。

1. 传统银行业

经过几十年的发展，银行同业间在网点、影响、价格、资源等方面，已经竞争了几十个回合。银行业之间，既是对手又是盟友，它们的利益是一致的。

2. 民营银行

民营银行具有两个十分重要的特征：一是自主性，民营银行的经营管理权不受任何政府部门的干涉和控制；二是私营性，即民营银行的产权结构主要以私有制经济成分为主，最大限度地防止政府干预行为的发生。特殊的产权结构和经营形式，决定了其具有机制活、效率高、专业性强等优点。

3. 互联网金融

互联网金融的思维模式和技术引领的道路，在传统金融之外开辟了众多的细分市场，它们走的不是传统银行的路子，但其本质，最终都在与银行争夺市场。

4. 金融公司

金融公司的存在充分证明了，传统金融机构给市场留下了巨大的存活和利润空间。金融公司是银行的竞争对手，同时，它们完善了银行产品端到体验端的巨大空隙，与银行成为利益共享的盟友。

5.互联网企业

互联网企业迈入金融，他们从场景出发，将整个链条金融化，最后落脚到体验，构建出无比坚实的帝国。在体验端，直接解决客户的本源需求，它们用场景优势和互联网技术带来的体验将客户隔离在银行以外。

第二节　金融科技对传统银行的影响

2017 年 9 月，毕马威发布了一份报告，该报告列举了银行在获客、产品、营销、运营管理等方面的大痛点，并指出，金融科技是化解这些痛点、引领行业突破的一个核心发力点。

一、金融科技的优势

1.服务高效且成本低

互联网帮助用户突破了地域和时间的限制，可以随时随地完成交易，提高了效率。搜索引擎和大数据分析，降低了信息搜索和产品购买的成本。IBM 的一项研究结果显示，在银行柜台完成一次普通的交易平均成本是

4 美元，而通过手机银行的成本只有 0.08 美元。

2. 让更多人享受金融服务

当前，中国很多家庭月净收入低于 1 万元，由于成本较高，银行不愿意为这类客户提供服务。金融科技公司能以更低的成本为更多的用户提供产品和服务，可以很好地满足这些人的金融需求。比如，余额宝上线一年后客户就超过 1 亿，这些账户平均余额只有 5000 元的客户，在普惠金融中享受到了服务。

3. 拥有还款人海量行为数据

银行拥有借款者包括社保、信用卡等一些数据，但缺乏借款者的行为数据，如网上消费习惯、社交圈子以及具体的地理位置等。而基于大数据分析，科技公司可以从电商、游戏、社交等多个维度对借款者进行画像，识别风险，从而对风险定价。

4. 服务个性化和场景化

在工业化时代，产品主要是标准化生产，随着互联网的发展，个性化定制服务成为可能。同时，不管用户是在电商平台购物需要借钱，还是付房租需要贷款，在每个场景都能即时得到需要的服务。

5. 金融服务去中介化

传统金融中介为市场提供服务，从中收取手续费，产生利差，获取利润。科技则使客户跳过中介直接完成交易，提高投资收益，从而产生金融脱媒现象。

6. 推动精神创新

互联网"开放、平等、协作、分享"的精神，推动了金融行业的思想革命，让其变得更加民主化和普惠化。传统金融机构开始放低姿态，变得更加平民化。在金融民主的理念下，人们设计出更多更加简单、去中介化的金融产品，使得更多用户从中受惠。

二、传统银行落后金融科技的原因

1.更看重盈利

全世界的监管者都要求银行必须当下实现盈利，而不是承诺在未来某个时间能够赚钱。对于银行从业人员来说，他们的工作就是不断地赚钱；而在金融科技公司，他们通常的做法是询问客户问题，并在此基础上找到解决方案，提供服务，之后再去考虑如何利用解决方案赚钱。

2.更看重线下银行网点

传统银行虽然对线上服务持开放态度，但实际上，银行更看重线下，即便他们开发出了最好的移动银行，客户依然需要去线下的银行注册签约，然后才能访问线上银行，线下银行是传统金融服务的中心；初创金融科技公司创始人只需要一部移动手机，用户就能从 App Store 或 Google Play 这些应用商店里下载你的银行，并开始使用。

3.存在系统管理问题

构建金融科技系统需要花费很长时间，对于传统银行来说可能将现有金融系统抛弃，重新建设管理反而更容易一些。事实上，所有金融新服务都应该从头开始建设，因为这些服务本身就是在新金融环境下运行的，新金融环境基于开放架构原则，并能和其他线上服务进行免费交互。

4.无法提供多样性金融服务

通常情况下，传统银行只提供银行服务，但随着客户越来越年轻化，他们更渴望获得理财、娱乐、旅游等其他服务。结果，其他行业开始和金融科技公司合作，而传统银行依然安于现状。

三、金融科技对银行业的影响分析

移动互联、区块链、大数据、人工智能等创新技术的发展和应用，开启了金融科技时代，为金融行业和科技行业带来全新的挑战与机遇。金融科技对银行业的影响最直接的就是表现在以下方面：

金融科技变革开辟获客新路径。互联网具有用户和渠道入口的巨大优势，利用互联网技术，金融机构突破地理和距离限制，提升了触达连接用户的能力。传统金融机构具有资产管理和风险定价的核心竞争力，但在获客方式上，主要是通过网点辐射、路演和线下广告，获客成本高容易成为业务发展的瓶颈。互联网的本质是把握或激发用户需求，提高有效资源的周转效率和服务客户频次，实现客群、产品、交互等多维度相互叠加的全面价值发掘和创造，找到双方乃至多方共赢点，和客户产生良好的黏性。

金融科技实现金融服务的新体验。在交易和服务体验环节，互联网银利用明显的技术优势，改善客户服务，为客户提供新的解决方案。借助互联网信息技术，服务提供商和客户，可以通过网络平台更加快捷地完成交易。金融交易突破了传统的安全边界和商业可行性边界，让客户感受到全新的金融服务体验。

金融科技革新传统业务的服务模式。在支付清算方面，由于网络支付具有能够满足用户多元化需求的特点，这就要求商业银行积极推动数字账户，提升用户使用便利性；在融资借贷方面，"去中介化"的网络融资理念已经逐渐被客户理解并接受，商业银行需要搭建融资平台，重构借贷业务模式以获取新的竞争力；在理财服务方面，技术成熟降低了理财服务门槛，促使网络理财放量增长，银行可借助机器人投顾变革传统的服务方式，进而将服务客户扩展至大众市场。

金融科技驱动银行实现渠道融合。互联网金融服务已经深刻改变了用户的偏好，占据了大量的用户入口。传统网点数量优势及服务方式已经失去了吸引力，商业银行必须构建以网络支付为基础、移动支付为主力，多渠道融合的服务体系。

金融科技推动风险控制的新探索。互联网信息技术解决了银行信息不对称和风控难题，找到了互联网银行风控的途径。互联网银行依靠底层海量数据，并依托线上模式，逐渐形成一套行之有效的破局策略。通过挖掘客户的风险数据，对客户进行综合的评价和推断，形成细致的客户分群和诚信评级。在反欺诈方面，通过分析客户线上行为的一致性、终端设备、IP 等信息，预测客户申请和交易中的欺诈可能性，通过分析客户与客户之间信息所呈现的共性特征，预测群体客户的欺诈可能性，从而最大限度地规避规模性的欺诈行为。

以互联网信息技术为支撑的金融服务模式，以网络化运营为基础，不但客户体验更好，而且营销投入精准。依托银行业长期积累的风控、管理、数据和技术优势，加强跨界合作，促进金融互联网与互联网金融相互融合，互利共赢，是未来的发展重点。金融科技大潮既有效挖掘了传统银行业的优势，又给传统银行业带来新的生命力和增长动力。

第三节 传统银行如何转型

根据中国银监会公布的官方数据显示，2016 年银行业金融机构实现净利润 2.1 万亿元。虽然净利润总体规模有所增长，但是增速却从 2011 年的 39.3% 大幅下滑到了 2016 年的 3.6%。其盈利能力的下降，也意味着银行业的盈利增长逐步回归常态，与其他行业的平均增速逐步接近。交通银行金融研究中心此前发布的研究报告指出，商业银行净息差由 2011 年的 2.7%，收窄至 2016 年的 2.22%，2017 年上半年更是下降至 2.05%。存贷利差不断收窄，加剧商业银行竞争，刺激其寻求新业务范围的扩张。

在直接融资快速发展背景下，银行客户投资渠道得到迅速扩展，存款分流对商业银行的客户存款造成一定冲击。居民的资产配置日趋多元化，传统银行商业模式需要寻找新的利润增长点，而场景化获客、通过科技手段来满足长尾客户需求，正是金融科技所擅长的领域。

一、金融科技如何契合银行业改革转型诉求

1.货币基金分流银行利润

从 2013 年开始，除了公募基金的货币基金外，蚂蚁金服的余额宝、阿里的娱乐宝、苏宁的零钱包、腾讯的理财通等理财产品迅速兴起，替代储蓄的进程初露锋芒。

以余额宝为例，根据天弘基金公布的《2017 年第三季度余额宝资产组合》，余额宝投资组合资产金额合计达到了 15604 亿元。同时，余额宝净值收益率达到了 0.9989%，而业绩比较基准收益率则为 0.3456%。截至 2017 年上半年，招商银行吸收个人储蓄存款总计为 13762 亿元。

货币基金类产品的兴起，使得部分活期存款从银行转移到了余额宝等货币基金。这些产品由于操作简单、流动性较好、提供了极低风险的增值渠道，也会降低银行短期理财产品的收入。

2.去中介化的网络融资理念逐渐被接受

在毕马威与 H2 Ventures 发布的《2016 全球金融科技 100 强》报告中，中国有 8 家金融科技公司上榜，其中与借贷相关的企业就占到了 6 家。

近几年，在贷款市场领域，出现了各种消费信贷、微小信贷、产业链贷款。2015 年，蚂蚁花呗、京东白条、唯品花等的推出，给予了消费者赊购的便利。同时，P2P 借贷平台的兴起，也深受草根阶层欢迎。

在融资借贷方面，去中介化的网络融资理念虽然广受争议，但是还是逐渐被部分市场群体接受。传统银行要发放一笔贷款，需经过严格的信用审查过程，从而导致一些中小微企业无法及时从银行获得贷款，这就给一些市场化的主体提供了巨大的业务空白空间。相比较而言，金融科技企业有条件通过对大数据的应用，凭借在信息获取和数据挖掘等方面的优势，开发出更加符合用户需求的服务和产品。

3.第三方支付机构与银行支付展开竞争

在中国市场上，目前金融科技领域最活跃、最有成效的领域是网络

支付。与传统银行卡支付相比，第三方支付操作快捷、覆盖场景多，能够迅速融入人们的日常生活。根据央行发布的支付业务统计数据，在全国支付业务量保持稳步增长、非银行支付业务年均增长保持高速增长的同时，商业银行支付结算业务却增长缓慢。

第三方支付平台借助移动互联网的迅猛发展，大力开发支付场景，由于其掌握了更多的客户资源，在获取客户、风险管理等方面占有渠道和数据优势。第三方支付平台的快速发展会逐步侵蚀银行卡等中间业务，使得银行实体网点的投资回报率逐渐降低，迫使未来银行机构更多专注咨询和投顾等业务，从而改变银行业的经营模式。

二、银行业如何找到转型的切入点

2017 年以来，不少对市场反应灵敏的商业银行纷纷宣布与科技公司、电商企业开展合作。中国银行业对金融科技的发展日益重视，大多数银行都将其作为发展重点与转型方向。在合作中，金融科技的核心功能是为传统银行提供高效率低成本的基础设施，并通过技术创新帮助银行机构提高交易效率、降低成本，提升风险管理能力和资产配置能力。从目前的发展趋势看，互联网、大数据、人工智能、区块链等技术的应用，将使得未来银行更加便捷普惠、高效安全，这是近期金融科技给银行赋能的重要领域。

1.运用金融科技发展新业务，探索新产品

随着金融科技的发展，发展强有力的中间业务对于提升银行竞争力具有重要意义。

同时，银行还可以利用金融科技探索打通银行信贷、债权、股权、衍生品与大宗商品等多个市场，充分挖掘大型公司客户的金融需求，为

其提供包括投资并购、财务顾问、短融券和中票发行等业务在内的整套金融服务。银行还应不断加强与其他金融机构如信托投资机构、保险资金管理机构、券商资产管理等金融机构的合作，通过金融科技支持下的跨机构合作，为客户提供所需要的多种金融服务。

2.利用大数据提供更精准的服务

信贷产品准入、授信和定价是信贷产品的核心评估要素，而数据是信贷评估体系的基础。大数据技术能够扩展信用数据的边界，将一些非传统信用数据作为重要的信用评估来源，覆盖一些没有被传统的征信系统记录的人群。因此，银行应推进海量数据存储、分析、挖掘等关键技术攻关，利用大数据更加科学地评估供需双方信用和风险，实现对贷款对象的信用评定。同时，根据客户数据信息可以进一步细分客户群，进行针对性的营销。

3.利用创新技术打造"智能化"银行

银行应该在以下几个领域，积极利用智能技术：利用金融科技将网点轻型化、智能化，通过智能化设备的应用，使服务变得更简单快捷。用智能机器人替代大堂经理进行客户引导和分流，并配置智能预处理终端和手机 App，实现用户预填单和预约排队，解决当前商业银行普遍存在的客户排队多、服务空间有限等问题；应用智能图谱，通过不断地获取外围和内部数据并进行相关数据分析，及时了解其风险及消费习惯，提升反欺诈和信用风控模型准确率；应用人工智能客服，通过影像识别、电子签名等自助服务，帮助客户快速办理业务。同时，对人工智能客服开发相应的程序，实现信息查询、还款、转账等基本业务功能。

4.利用区块链技术实现交易信息透明化

区块链技术具有去中心化、可靠性强、降低成本、数据质量高和信息不可篡改等众多优点，可以解决信息透明和可信问题。

在征信领域，银行可以基于区块链技术改进征信信用算法，提升对于异常交易的识别效率。同时，改变征信数据的应用模式，从而提升审批机构对于数据采集和审批的效率；在资产管理领域，传统的资产管理模式下，实物资产和无形资产是借助第三方机构进行确认和管理的，使得资产权益信息证明可能出现不完整或者失实等现象，为资产管理带来了很大的困扰。一旦区块链技术得以成熟，并且与物联网技术有机融合。则有望实现托管合同签订线上化、依照投资监督指标运行、对托管资产进行控制及跟踪智能合约化等；由于中小企业在向银行贷款过程中存在信息不对称、信贷配给政策和缺乏抵押物等问题，导致其很难得到银行贷款。区块链通过去中心化模式运用，将所有数据积累到一个统一的区块链平台上，对所有信息进行整合，最终形成独立的、不受任何个人和组织操控的信息网络。金融机构与顾客、顾客与顾客之间信息将会更加全面、透明。

在金融科技浪潮下，传统银行正在积极寻找新的利润增长点。银行所拥有的信誉、品牌的优势，以及在网络、资金规模等方面的强势地位，如果积极地运用金融科技在大数据、人工智能、云计算等科技方面的优势，就有助于形成双方合作的动力。

三、案例分析招商银行金融科技转型路径

招商银行一向以"创新"著称，其在金融科技的探索转型路径，一直备受外界关注。招商银行的金融科技发展亮点主要包括：

1. 推出首家"微信银行"

2013年4月，招商银行信用卡微信公众账号以"小招"的亲民形象推出，半年以后即获得数百万用户的青睐，经过一年多的发展，"小招"已有超过1000万+粉丝，堪称最成功的微信公众账号案例。2013年7月，

招商银行再度宣布升级了微信平台，推出了全新概念的首家"微信银行"，将招商银行客户端移植到微信上，借助微信 8 亿用户群，可以将招商银行的服务理念最大化。"微信银行"的推出，彰显了招商银行在科技创新界的前沿地位，招行"微信银行"也掀起其他银行推出"微信银行"的风潮。

2. 拓展供应链金融服务市场

招商银行深化外部合作，积极展开同业合作和异业联盟。2013 年，招行推出互联网金融网贷平台"小企业 E 家"，被业界普遍认为是银行系参与 P2P 的典型。2015 年 5 月，"小企业 E 家"推出互联网金融开放账户"E+ 账户"，产品开发以客户需求为中心，金融服务嵌入各类高频交易场景，随时随地满足客户的资产和资金需求。

3. 大数据应用助力零售发展

商业银行的零售业务是金融科技冲击的重灾区，尤其是支付环节。为此，招商银行也尝试引入最新支付技术，全面切入客户生活场景所衍生的各个金融需求，打通线上、线下一体化移动支付生态圈。

招商银行 App5.0 版本运用金融科技带来的大数据分析能力，为客户提供 360 度全视角的"收支记录"功能，依托银行数据优势，帮助每个用户进行自动分类汇总，全方位自动记录用户资金流向，让用户能更全面地了解自己收支财务状况。在国内，招商银行因此成为首家运用大数据技术开发银行业独有的收支两线数据的银行。

4. 积极打造金融云

2015 年 12 月，招商银行旗下子公司招银云创（深圳）信息技术有限公司注册成立。招银云创走的是定制化路线，金融云已不仅仅局限于 IT 的服务，还有金融业务。对于传统银行而言，它们既是云服务的需求者同时也成了云服务的提供者，对于银行提供云服务而言，除了 IT 支撑之外，还有全面的金融服务方案。利用银行集团内部的联动机制，金融云业务的客户得到招银云创服务的同时，还有招商银行各业务条线、各分行、各子公司的全方位服务，更符合合作行的发展需要。

5. 国内首次在银行中运用区块链技术

2017 年 2 月，招商银行自主研发的跨境直联清算区块链项目成功投产。深圳分行蛇口支行办理了首笔正式的区块链跨境支付业务，区块链平台在几秒内即实现报文交换，成功完成该笔业务，这务是国内首个区块链跨境领域项目。

2016 年年初，招商银行就已经在总行层面专门成立了多部门组成的区块链研究小组，参与多个国内外区块链创新应用的合作联盟，积极探区块链技术在银行业务办理与服务当中的应用场景，最终将区块链技术应用于全球现金管理领域的跨境直联清算、全球账户统一视图、跨境资金归集等三大场景。

此外，招行还尝试把区块链应用引入票据与供应链金融领域，将这类应用更广泛地扩展到同业间、企业间等各种业务场，形成一个区块链金融业务应用生态圈。

第四节　银行系金融科技子公司在崛起

在金融领域，金融科技已经成为各家机构发展的大势所趋，而内部孵化成为国内众多银行角逐金融科技战场的选择。目前，各大银行纷纷设立金融科技子公司，它们成为金融科技行业里一股不可忽视的力量。

一、银行纷纷挺进金融科技战场

当前，面对新金融机构在金融科技领域的逐渐领跑，传统银行机构也发起了正面反击。从多家银行发展路径可以看出，以子公司的形式发力金融科技成为业界惯例。

1.建设银行成立建信金融科技

2018 年 4 月，建设银行成立建信金融科技，主要服务于建设银行集团及所属子公司，也将"审慎的开展科技能力的外联输出。"

建信金融科技总部位于上海浦东新区，是国有大行首家全资成立的金融科技子公司，成立当日，上海市委副书记、市长应勇，中国建设银行党委书记、董事长田国立共同为其揭牌，上海市委常委、常务副市长周波等出席，这足以看出各方对建信金融科技的重视。

建信金融科技注册资本 16 亿元，根据官方介绍，创立初期，建设银行将原总行直属七个开发中心与一个研发中心近 3000 名员工划转至建信金融科技。从某种意义上说，建信金融科技是国内商业银行内部科研力量整体市场化运作的第一家科技公司。

业内专业人士认为，银行的科研中心一般是为银行内部服务的，此次整合与独立出来，是对银行科技能力的整合与集中发展，也标志着银行的科研能力逐步从内部服务向外部输出，是银行在金融科技领域发展日渐成熟的标志。

科技在银行领域的重要性逐渐显现，国有大行设立金融科技子公司，或可突破移动互联网时代背景下诞生的直销银行沦为"鸡肋"的困局。在未来，传统金融机构将科技资源切分出来独立运营将渐成趋势。

2.兴业银行在成立兴业数金

2015 年 12 月 22 日，兴业数金成立。兴业数金主要有两个定位：金融云的服务和数字金融创新。

公开信息显示，在所有银行中，兴业银行内部孵化金融科技子公司的起步时间是最早的。2015 年 9 月 24 日，兴业银行发布董事会决议公告称，该行拟成立一家提供金融信息服务的数字金融企业——兴业数字金融服务股份有限公司。两个多月后，兴业数金在上海开业。兴业数金注册资本 5 亿元，其中兴业财富资产管理有限公司持股 51%，员工持股平台持股 19%，其余三家共同出资人分别持股 10%。这也就意味着，兴业银行占据绝对主导权。

兴业银行行长陶以平曾强调："这是一场高科技战争，金融科技将起到越来越重要甚至决定性的作用。我们将积极探索大数据、人工智能、区块链等新技术在金融领域的应用，大力支持兴业数金公司探索新的金融服务模式和运营模式，为'未来银行'做好充分准备。"

2017 年 3 月，兴业数金整合"银银平台"科技输出业务，与 IBM 联合发布"数金云"，专为中小金融机构提云服务；2018 年，兴业数金又与微软在打造"金融行业云"方面开展战略合作。根据合作协议，兴业数金公司将利用微软的云服务，提升"数金云"平台的技术先进性，与国际最顶尖的云技术实现接轨。

截至目前，兴业数金的科技输出合作银行数量约 700 家，连接了 4.36 万家网点，积累了超过 400 项从基础设施到解决方案的服务品种，比如在银行云领域，已经推出了较为完善的信贷机器人。

3. 平安集团成立金融壹账通

2015 年 12 月，平安集团成立金融壹账通，为中小金融机构提供金融科技服务支持。

金融壹账通是平安集团旗下科技子公司，非平安银行旗下，其成立较早、发展迅速，具有一定的代表性。金融壹账通前身，为深圳平安金融科技咨询有限公司。

作为平安旗下打造 3.0 开放平台的重要载体之一，近年来，金融壹账通通过区块链、云平台、生物识别等核心科技，建立起金融云系列产品以及金融科技空间站开放平台。数据显示，截至 2017 年年底，其先后为超过 450 家银行、2200 家非银机构伙伴提供一站式金融科技解决方案，机构端的交易量超 12 万亿，交易量、合作银行数、客户规模等均呈现跨越式增长。

壹账通目前的重点并不是盈利，而是拥有源源不断的数据，进一步扩大信贷规模，从而把估值提高。中国平安 2017 年年报显示，平安金融壹账通的估值是 74 亿美元。而 2018 年 1 月，金融壹账通完成 A 轮融资，估值达 80 亿美元。

壹账通作为平安集团旗下科技子公司，其业务与平安集团的整体布局相呼应，除了保险、银行、互联网金融平台等提供解决方案之外，还覆盖了互联网医疗、汽车、房产等领域，算是平安金融科技输出的一大特色。

4. 中国光大银行成立光大科技

2016 年 12 月，中国光大银行成立广大科技，该公司股东为光大云付互联网股份有限公司。

2016 年 9 月，中国光大银行发布公告称，为增强公司科技竞争力及服务公司业务快速发展，综合考虑外部政策、投资环境等因素，投资设立或收购控股信息科技公司。无论哪种设立方式，光大银行出资或持股比例均不低于 51%。

2018 年 3 月，光大银行董事长李晓鹏在接受采访时表示："光大集团将通过'三个一'即'搭建一个平台、复制一批产品、成立一个基金'支持银行科技创新，以科技带动相关业务。搭建的这个科技平台即是指专门成立光大科技公司，负责集团下属机构包括银行的科技创新。"

在招商银行和中国银行相继宣布拿出每年营收总额的 1% 投入金融科技之后，光大银行表示，未来在科技创新方面的投入将达到净利润的 2%。

光大银行行长张金良表示，光大银行已将科技作为了建设国内一流股份制商业银行的核心驱动因素之一。

二、瞄准技术输出

其实，银行业一直是科技的推动者和践行者。近几年来，从国内到国外，商业银行已经充分认识到金融科技的力量，不少银行把自己定义成金融科技公司。比如，国内的招商银行，大力运用金融科技手段，力争在金融服务体验上比肩互联网公司。在国外，澳大利亚联邦银行总裁表示："我们通过持续的技术创新获得了创纪录的客户满意度。"

有业内专业人士认为，银行系金融科技子公司大致可分为三种类型：本行信息科技部门独立运营，如建信金融科技；致力于银行信息科技系统的输出、运维，如兴业数金、招银云创；互联网金融综合平台，如光大云付。

中国人民大学重阳金融研究院高级研究员董希淼表示："这三类公司成立的目的不同，从本行 IT 部门拆分出来独立运营的类型比较多，因为 IT 部门有特殊性，独立运营有利于做得更专业，薪酬能够更加市场化，有利于留住更多 IT 人才，像建设银行、民生银行都是这种类型；对中资银行尤其是大型商业银行来说，资金和人才都不缺，迫切需要的是体制机制上的转变。金融科技子公司一定要探索和建立起市场化的机制，包括从公司治理到激励约束等多个方面，而不是原有系统和人员的简单转移。"

有些银行系科技子公司在成立之初，以服务本行集团及其子公司为主，随后逐渐扩展到服务同业，实现技术输出，将本行的 IT 系统、金融云、运营和维护能力输出给中小金融机构，这样就变成了第二种类型。

三、错位竞争，互补发展

以腾讯金融云、阿里巴巴金融云等为代表的互联网系公司，也在提供金融科技能力输出。那么，在这场新技术的较量中，面对互金巨头，银行系科技子公司怎样才能取得竞争优势呢？

董希淼认为："与互联网公司相比，银行系科技子公司更了解银行，对银行的要求理解得更为深刻，对监管的要求和规则执行得更到位，因此在开展金融科技能力输出的时候比互联网公司更有优势，业内也更认同。"

在国家金融与发展实验室副主任曾刚看来，在短时间里，银行系和互联网系的金融科技公司，不会有正面交锋，他认为："银行系金融科技子公司最大的优势还是在核心业务系统方面，毕竟商业银行更懂业务也更懂监管规则。互联网公司在业务场景方面的创新无疑更胜一筹，比如蚂蚁金服、腾讯金融等提供金融云服务，提供同场景结合的创新产品。"

从数据、场景、业务产品等资源上看，传统金融机构与互金巨头各有所长，在发展金融科技业务过程中，完全可以错位竞争、互补发展。科技赋能金融刚刚起步，科技赋能其他产业的过程也刚刚开始，整体市场空间还很大，共同"做蛋糕"才是最重要的事情，还远未到"切蛋糕"的时候。

所以，在可预见的未来，银行成立金融科技公司不会改变双方合作大于竞争的整体行业格局。

第五节 传统银行转型需加强风险管理

在银行业盈利空间不断受到挤压，资产规模和利润增速下滑、不良持续上升的趋势下，商业银行业务转型迫在眉睫。与商业银行业务转型相匹配的，是全面风险管理的系统性改革。

一、战略

全面风险管理转型必须上升到战略层面。风险战略不是避免风险，而是如何获取最大的风险收益。也就是说，如何在能够接受的风险底线下创造价值。风险战略与业务战略是相辅相成的，所以，在制定业务战略规划的同时，就应该制定出相应的风险战略。

强化风险前置，主动进行资本配置和组合管理。首先要识别优质客户，分辨出哪些客户创造的价值高于银行内部价值目标。然后进行客户分群并排序，根据创造价值的高低判断资本分配倾向度，最后有序退出创造价值低于银行内部目标的客群。

二、架构

遵循独立、专业和全面的原则，建立明确的风险管理架构和职责。

董事会要从战略层面确定风险容忍度。由于全面风险管理必须放到战略层面，因此董事会的作用至关重要。在可接受和不可接受的风险之间划出清晰的分界线，必须确保风险战略与业务战略相匹配，并且能够切实反映出董事会和高管层愿意承受的风险程度。

经营层要将风险战略向业务层面传导。总行行长将风险战略传导至业务发展，并充分平衡业务和风险之间的关系，在风险和发展出现矛盾时迅速做出判断和决策，实时适应市场动态和业务发展。总行风险官站在全行的高度，从制度和政策层面系统性规划和把控，保证风险全面覆盖，确保全行的风险管理无遗漏。架构上可以设立风险管理委员会，明确各专业风险管理委员会运行机制，将其打造成风险工作决策部署的核心平台。

事业部要在总行风险管理框架下细化风险政策。事业部必须由专业的风险管理人才负责统筹事业部的整体风险情况，以确保总行的风险战略向下传导。在架构设置上，以投行事业部风险管理部为例，可以按照项目发展周期设置风险职能，跟踪覆盖项目完整周期。

分支机构是执行风险政策的关键节点。分支机构必须不断强化风险意识和文化。分支机构是全面风险管理中的主要承担者，要将整个银行的风险战略和风险文化都在日常的运营和业务发展中体现出来。

三、流程

根据业务特点差异化设定端到端的全流程风险管理。银行各类业务的流程不同，必须差别化设定风险控制的关键点。

公司业务方面，要设定专业化、条线化风控。公司业务的风控重点在于根据行不同的业务维度，划分专业的审批流程并设置审批团队，保证业务风险的专业性。同时应注意避免设定维度过多导致机构臃肿。其中，供应链金融业务更注重把控产业整体情况和监控交易过程信息。专业的供应链金融风控人员不仅仅关注传统贷款中的时点信息，更需要了解行业和企业的交易特征，从交易流量上进行风险判断。

在零售业务方面，要注意风控的标准化和批量化。零售业务的特点是标准化和集约化，风控重点在于对业务模式和产品风险的预先把控。零售业务风险部门也要注重资产组合管理，对现有业务，对零售的客户群体、产品、区域和机构进行甄别，针对战略客户群进行区域差异化选择，协同业务部门在客户挽留方面进行业务模式创新，提高客户黏性。对创新业务，风险部门携手业务部门深入市场，持续跟踪目标客户群及产品投放情况，协同业务部门优化产品设计和服务模式，提升客户体验和忠诚度。

投资银行的风险控制管理，应该关注跟踪性、时效性风控。投行风控的核心是关注项目和企业的成长性，着眼于未来对项目和企业进行评价，风险控制必须嵌入业务项目组，关注交易结构和条款，注重时效性并进行实时监控和跟踪。在尽职调查环节，最主要目的是充分实现风险前置，在项目前期从风险角度进行架构预审和前期风险评估，进行恰当的条款设计支持和价值评估支持。在退场环节，要实现风险预警，负责监测市场和项目动态，实时进行预警，有必要时，对重大风险项目进行强制退场，及时止损清算。

金融市场要关注动态限额管理。金融市场业务风险管理的核心是管理好交易风险和交易信用风险，按照交易品种和策略，严格实施端到端的限额管理。通过加强全流程管理，实现风险全面覆盖。在事前阶段，明确金融市场业务风险偏好，规范审批通道，统筹限额管理实施工作。在事中阶段，要建立限额管理体系，通过指令性限额实际管控业务风险，强化事中动态监测和调整，业务部门与风险部门形成双向互动报告机制。在事后阶段，要强化投后管理，做好跟踪监测，不断完善风险管理流程。

在资产管理方面，要关注资金端和资产端双重风控。资产管理的风控部门承担资产端和资金端的双重风控，在确保基础资产安全的基础上，还要负责投资人的资格审核和风险承受度测评。根据资管业务模式，自行开发的资管产品风控重点在于基础资产，分销模式风控的重点在于产品。

四、制度

建设与各类业务流程相对应的完备制度体系，与端到端的全面风险管理流程相匹配的，必须是一个涵盖各类风控流程的制度体系。

以金融市场业务为例，债券业务要建立债券评级体系、限额管理制度、债券违约处理机制。货币市场业务要建立交易对手管理机制，建立市场监测机制和预警机制。同业业务要制定委员会工作制度和业务操作流程，对同业授信建立批量审批制度，对同业投资建立差异化审批通道。针对流动性管理职能，要建立流动性管理制度，比如开展流动性压力测试和投资组合动态损益监测等。

要健全各板块之间的协同运行机制，发挥风险部门的协同管理效力，使资源在板块之间高效流动。比如，完善风险板块内各部门间的沟通协调，召开重点风险信息沟通会，促进信息共享和管理联动，发挥管控合力。

按月检视限额执行情况，按季度检视风险偏好执行情况，将风险管控内容融入业务流程，促进风险管控策略在业务部门扎实落实。

重视事前预警、事后清收等制度建设。在国内，银行业对于事前的风险预警、贷后的跟踪监控等环节缺乏应有的重视程度，从而导致风险管理中普遍存在问题就是缺乏有效预警机制和技术手段。在业务转型比风险管理转型超前的情况下，风险预警更需要引起银行业的高度重视。风险预警是系统性防范风险的战略举措。需要建立常态化的风险预警机制，预见性地、前瞻性地看待风险问题，对风险进行有效预警和防范。行业预警可以采取的策略为：一是将风险环节前置，打造客户经理、产品经理、风险经理和审批官"四位一体"机制；二是提高行业研究的战略地位，打造行业专家，降低公司业务风险，固化客户关系；三是个案贷后跟踪预警，将风险前置到不良清收之前，在风险发生之前有效降低实质性的违约损失。

不良处置是风险发生后降低损失的有效途径。对公业务处理不良的方案要根据客户业务、逾期情况、清收难度、财务情况等合理判定，核心方法是在财务和运营等层面进行深度重组，需要组建专职深度重组团队，需要外部行业专家和专业投资者提供卓越的行业洞见，需要重组专家提供专业的重组工具和手段。

五、技术

提供高效、专业的技术支持，从硬环境和软环境双方面提供高效支持，主要包括 IT 系统和风险分析等。

提升 IT 风险管理能力。风险管理 IT 系统建设中，应用和数据构架，都要根据业务流程和风险种类确定系统需求，并且需要有专业的企业架构师整体把控，需要专业的风险架构师确保风险管理系统支撑的专业度。IT 系统必须包括涵盖各类业务全流程，根据重要性程度和时限排序，有序推动系统落地。

加强量化风险管理。风险分析包括风险量化模型以及相应的风险报告，为风险决策提供支持。风险量化模型的结果，广泛运用于业务管理与决策；而风险报告以风险量化模型为基础，提供数据描述和数据分析，针对不同决策的情况预见性地模拟测算潜在影响，确保各决策层级能够找到与其权限相匹配的风险指标和风险决策点。在能力建设方面，需要搭建以资本金为约束的授权、监控和评价体系，建立多维度信用风险限额管理的风险计量方法，推广信用评级体系及相关应用，切实推动业务发展。

六、人才

风险战略传导和落地的关键点在于人的专业能力和风险意识，这需要通过人才培养机制和绩效考核制度进行引导。

建立人才培养体系。建立人才培养机制要设计风险内部的专业职能分工，建立管理序列和专业序列双轨制晋升机制，打通人才培养通道。管理序列专注于风险战略规划及风险管理等，专业序列专注于各环节的执行职能，形成更加细化的专业方向。

建立绩效考核制度。提高风险管理质量的核心，是引导风险审批人员增强推动业务发展的主动性，既要有正向激励，也要有负面清单，多维度的建立绩效考核指标体系。

商业银行业务转型成为大势所趋，随之匹配的全面风险管理体系必须建立。全面风险管理转型和体系的建立需要漫长的过程，商业银行必须以坚定的信念，向着既定的目标进行整体规划和布局，分阶段、有侧重地按照"顶层规划、单点试行、全面推动、复盘修正"的步骤进行落地推广实施。

第六节　银行大佬遇见科技巨头：开启金融科技的盛宴

马云曾放出豪言："银行不改变，那我们就来改变银行。"当时，很多人都把这句话当成了马云虚张声势的惯用"伎俩"，很多金融机构更是把它当成了笑谈。然而，随着支付宝、微信支付、京东钱包等互联网支付四处攻城略地，眼看着用户一个个流失，银行再也无法保持淡定了。还有一些银行则直接把阿里、腾讯这样的互联网企业当成了敌人。

在过去几年，互联网金融产品与银行之间的战争硝烟不断，银行与支付宝、余额宝的支付战争、理财战争，依然让人们记忆犹新。互联网企业和银行的关系，可谓是剑拔弩张。

然而，时至今日，双方的关系从对立变为联姻，互联网巨头与银行的关系渐渐进入了蜜月期，各大银行纷纷与互联网企业展开了合作。

一、从对弈到融合

2017 年 3 月，建设银行与阿里、蚂蚁金服签署了战略合作协议，双方将共同推进线上线下渠道业务合作、电子支付业务合作、客户资源和信用体系共享。和其他银行相比，建行很早就选择了和阿里进行合作。建行和阿里之间可谓是"真爱"，我们来梳理一下两者之间的"恋爱史"：

2005 年 11 月，建行与阿里签订了银企全面战略合作协议，双方约定在金融产品、金融创新、金融技术等领域进行长期、全面的战略合作。

2006 年 10 月，建行与阿里正式发布国内首张真正专注于电子商务的联名借记卡——支付宝龙卡，同时还推出支付宝卡通业务这一电子支付新产品。

2007 年 6 月，建行和阿里新一轮全面合作，启动全国首批网商"e 贷通"贷款。

2009 年 8 月，浙江省人民政府、杭州市人民政府、建设银行、阿里巴巴举办共建网络银行风险池签约仪式。

建行和阿里之间极少有公开的不愉快，最为人知的一次是 2014 年年初，四大行联合限额支付宝快捷支付，被外界解读为"联合封杀"。不过当时最早"封杀"支付宝的是工商银行，建行则是最后一家跟进的，颇有些身不由己的感觉。

这次"封杀"过后，2014 年 5 月，支付宝中止了与工行的合作，与建行签署第三方支付机构备付金存管框架协议，支付宝备付金主存管行由工行更替为建行。

2016 年，建行和阿里合作进入新的阶段：1 月初，建设银行总行电子银行部总经理黄浩离职，加盟蚂蚁金服出任副总裁；4 月，蚂蚁金服完成 B 轮融资，新增投资者包括中投海外和建行下属子公司建信信托分别领衔的投资团。

有着一系列的感情铺垫，这次建行和阿里、蚂蚁金服的战略合作可谓是水到渠成。建行率先和互联网企业展开合作，在互联网和金融行业引发了很大的震动。随即，其他国有大行和股份制银行纷纷跟进，银行业和互联网企业的强强联合成为大势所趋。

2017 年 6 月 16 日，工行与京东金融集团在北京签署了金融业务合作框架协议。根据协议，双方将正式启动全面业务合作，在金融科技、消费金融、校园生态、个人联名账户等业务领域展开全面的合作。双方的全面合作，将会不断产生化学反应，开发新的服务模式或创新产品。

工行董事长易会满认为："金融科技创新正加速重构银行经营发展的模式和市场竞争格局，而以技术创新引领行业变革之先，是工行的传统优势，也是成功转型的关键。本次选择与京东金融达成全面合作，是看中京东金融在服务实体经济过程中形成的金融科技能力，包括产品创新能力、大数据风控能力以及互联网运营能力等。"

刘强东表示："京东金融也可以通过工商银行在网点、客户、资金等方面的优势，打通线上与线下场景，优化自身的风控和运营模型，为客户提供成本更低、体验更好的金融服务。"

继工行和京东金融合作之后，6 月 20 日，农行宣布与百度展开战略合作，双方将以金融科技为主要方向开展合作，包括共建金融大脑以及客户画像、客户信用评价、风险监控、智能投顾、智能客服等方面的具体应用。

百度与农行合作成立的"金融科技联合实验室"备受关注，该实验室落地在农总行网络金融部与百度金融服务事业群组，将在智能金融服务领域展开深度研究。

恒丰银行研究院执行院长董希淼说："会对未来金融科技发展开展研究，比如大数据风控、生物特征识别、智能客服等，因为这两家既有研究能力，又有将研究成果转化成产品的能力。比如生物特征识别如果有很好的研究，以后比如人脸识别开户、人脸识别取款这些用起来就很好。"在他看来，百度与农行的这次合作，在未来将会创新出很多更好的产品和服务。

二、传统银行为何与互联网企业进行战略合作

企业和企业之间的战略合作很常见，但大型互联网企业与大型银行之间的合作并不多。银行对互联网金融的态度，从开始的不屑一顾到如今的深度合作，体现了整个金融产业的变迁。

从传统金融方面看，这几年来，银行营收与利润增长缓慢，需要转型以找到新的增长点。数据显示，几大国有银行从营收与利润都是庞然大物，但增长速度其实特别缓慢。

同时，银行业目前面临着央行缩表以及银监会加强表外资产管理等问题，从而导致其在扩大资产规模方面受到一定的限制。银行业高额的利润来自于庞大的资产规模，如果资产规模受限，利润必然会受很大限制。

因此，银行需要改变增长方式，借助互联网公司的技术，挖掘自身数据的价值，改善用户体验，走精益化增长的路线。

三、开放与合作才是真正的未来

从 2013 年到现在，互联网金融的发展经历了高峰，也经历了行业阵痛与洗牌，正在形成自己的定位：资产端能力比较强的企业，在银行不能覆盖的领域为客户提供服务；有大数据、人工智能技术优势的企业走

金融科技路线，利用自身的技术做业务的同时，也开放自己的技术能力，与包括银行在内的业界合作，将自身的技术与银行的数据相结合，从而释放更大的价值；在支付等领域具备优势的企业，因为用户规模大、使用频率高，入口价值明显。

这些互联网企业对于银行都有价值，可以帮助银行在不同领域提供效率与用户体验。

银行和互联网金融巨头都瞄准了金融科技的势头，两者的弱点也暴露无遗。

对于互联网金融来说，它面临着技术实力、客户基础业务丰富程度及发展空间的搭配不当的现象，但却在应用场景与空间上占有一定的优势。

互联网企业与大型银行合作，可以使自身的金融技术接受更多挑战。同时，大型银行品牌效应好，对技术要求高，满足了这样的客户，对于金融技术的口碑形成会有不错的推动作用。

从另一方面说，随着互联网金融的发展，如今很多资产领域都被开发成了红海，做资产的难度和风险都被提高。在未来，通过开放技术能力获取相关收入，是互联网金融企业重要的盈利来源。

而作为传统金融巨头的银行，本身具有资金实力雄厚、业务模式齐全的优势，但和互联网金融比起来，在用户的行为数据积累、场景、营销以及新模式探索上明显处于劣势。通过与互联网金融巨头合作补足短板，显得愈加迫切。

厦门国际银行首席信息官王鹏举说："近年来，金融科技的飞速发展催生出了一大批优秀的金融科技企业，给传统银行带来不小的冲击和挑战，主要表现在业务、市场、资金等方面，银行的支付类、理财、消费贷款等传统业务正逐渐被金融科技企业蚕食，客户不再依赖于传统银行来获取金融服务，进一步加速金融脱媒进程，普惠金融策略导致传统银行大量长尾客户及其资金流向金融科技公司，吸引了大量的科技人才奔赴金融科技公司寻找高薪、高技术含量、高挑战的工作岗位。"王鹏举表示："传统银行需要与互联网金融企业合作，需要政府部门协助提供数据共享机制与平台，引导大数据市场向合法合规的方向健康发展。"

两个原本相爱相杀的竞争者，在业务层面、技术层面以及互相补足短板的合作中，都显现出合作大于竞争的趋势。

从互联网金融要"改变"银行的雄心，到银行建立自己的网络银行来回击互联网金融。刀来剑往几个回合之后，为了实现彼此利益最大化，二者开始冰释前嫌"联姻结亲"。这也充分说明，互联网金融与银行，只有开放与合作才有真正的未来。

大型银行与互联网金融企业关系缓和后，其合作的核心都集中在金融科技上面。人工智能与金融业务的融合，将带来更智能、更安全的体验。比如智能客服、智能投顾业务，和以前的传统服务方式相比，可以提升效率，也可以更快速地为用户提供个性化的金融服务，实现金融产品与银行客户更好匹配。

有分析认为，一场金融科技盛宴即将启幕。在未来，智能化将成为金融科技变革的新方向。金融科技领域的竞争，将跨过支付和场景上的竞争，进入以人工智能为代表的智能化阶段。

第九章

过去未去，未来已来

第一节　新科技改变金融服务业

　　在数字化时代，传统金融服务模式面临着巨大的挑战。传统金融服务采用的是集中交易处理模式，庞大的集中数据交易系统成为数字化业务创新的瓶颈。新技术与金融的融合，推动金融行业服务模式的深刻变革。

一、金融服务模式面临重塑

　　传统金融机构向新金融服务架构转变，目前的一个趋势是，用云计算架构取代传统集中式数据中心，以 API 取代传统中间层，改变金融服务的产业链，整合金融服务的优质资源，加速从应用到产品的周期。此外，新兴金融科技通过区块链技术，经济高效地保证点到点业务的安全性，降低业务风控开支，提高传统金融服务对市场的响应速度。

被重塑后的金融服务模式与传统金融服务模式有很大的区别，传统金融服务控制金融流程中的每一个环节，从产品到营业网点形成纵向一体化的模式；而依靠科技被重塑的金融服务模式，则更关注用户的使用体验及细分市场。

业内人士认为，金融服务模式的转型需要进一步加大投入。IDC 中国副总裁武连峰认为："从 IT 投入的角度来看，我国金融业跟外资金融业在数字化方面仍存在较大差距。在中国，金融业 IT 开支在全部 IT 开支中所占比例为 7% ~ 8%；而在国外，这个比例为 12% 左右，这说明中国金融业的 IT 投入还有待提高。"

二、金融服务业的发展趋势

1.顺应客户偏好

随着数字经济的发展，客户的偏好也不断地发生变化。客户偏好的变化，使得主要账户提供商也随之变化。

直销银行，即主要通过 ATM 机提供服务的银行，它们以降低费用以及有吸引力的利率来吸引客户通过电话或网络进行交易。目前，由于技术的改进，此类银行可以在多方面进行竞争。

手机银行是另一个示例。面对移动设备广泛应用的现象，金融机构通过添加手机网站做出响应，以支持基本的交易。然而，这些早期的解决方案很快就被功能更完善的手机应用程序所取代，它们为手机用户提供便捷服务，优势转向这些非传统行业参与者。

环境也会被打破。银行业作为一个平台，旨在标准化横跨金融机构的应用程序界面，同时允许开发人员轻松地建立直面客户的增强功能并将其集成到供应商的核心产品中。这种做法不仅能够推动新参与者的发展，也有助于传统行业参与者的发展。

随着虚拟渠道带来的交互作用越来越大，传统金融机构和创新金融机构将和客户的生活场景更加融合，这些趋势可以塑造零售金融服务业的未来。

另外，客户偏好改变可能引发非传统供应商生态系统的生成。在这种情况下，金融机构控制客户终端对终端体验的能力将被削弱。金融机构需要利用即将出现的新产品、服务和分销机会，想办法和非传统金融机构进行合作。

2. 无现金社会成为现实

移动性和连通性将会融合，使得无现金社会成为现实。移动应用使得用户无须在结账台前排队等候，集成、简化技术使得结账流程更加便捷，生物特征和代币等可以保护交易各方免受欺诈。

在发行者放弃控制电子支付平台的客户体验时，如何使自己与众不同变成一项挑战。此时，优势可能倾向于大型独立发行者或网络发行者，他们通过自身的规模优势打败了银行发行者。另一种可能的结果就是支付市场被分割，信用卡将失去为金融机构留住客户的能力，还可能出现信用卡被完全取代的情况。此时，金融机构需要找到替代信用卡业务实现收益的方法。当客户对银行账户交易更低费用的偏好趋势发生变化时，金融机构还需要创造新方法来推动客户的忠诚度。不管出现什么情况，金融机构都可能失去对其客户交易体验的部分影响。在多元化市场，特定客户群体的数据将成为获得市场份额的重要途径。

3. 分布式集资平台

通过了解分布式集资平台，可以了解未来的资本市场。分布式集资平台被称为把企业和投资者联系起来的网站。分布式集资平台不提供投资建议，该平台是企业尝试吸引潜在投资者的一个固定市场。同时，投资者可以在平台寻找投资机会。

分布式集资平台在其提供的机会方面有差异，比如一些平台专门针对创业企业。分布式平台要想取得成功，就需要一种可靠的方法将申请者和投资者的利益协调起来。

分布式平台模型对金融机构有多重影响。首先，尽管种子期初创金融科技公司担心竞争对手洞识其业务，但可能难以抵抗分布式平台的优势诱惑。竞争时，传统中介机构可能需要为其提供的独特或独家投资机会双倍下注；其次，传统机构本身将使用分布式平台，作为小额投资的便捷方式；第三种可能的影响是，分布式平台将发展成为适用于大型公司的融资方式。无论发生哪种情况，分布式平台肯定会与传统中介机构竞争投资资金。更多的融资方式会缩短融资阶段之间的平均时间，帮助初创金融科技公司更快速地发展。

4. 客户被赋权

财产的管理方式逐渐变得民主化，曾经高成本、劳动密集型服务正在演变成商品。智能投顾已经成为现实，它们可以自动分析客户的财务状况并提个性化的定制建议。它们还可以管理投资组合，投资优质的产品。在其他技术方面，兴起供用户交流投资选项、策略的诸多社交平台。同时，个人可构建投资组合并将该组合与其他投资分享。

在高级净值市场，智能投顾的作用就变得更重要。零售银行可以自主提供自动化服务，满足理财客户的大部分需求。传统行业参与者可能需要适应新客户群体需求的产品以及服务的挑战，传统机构将更多地依靠品牌和信任。无论最终出现的是何种趋势，咨询服务都将可能与产品分离。因为客户转向了新兴、性价比更高的智能投顾，传统机构通过自身咨询渠道出售的理财产品数量将会大幅度降低。越来越多的过程变成自动化，更多用户将使用虚拟渠道。最终，传统行业参与者在更专业领域或服务上的竞争会加剧。

5.保险领域产生连通性

创新技术的发展，同样推动了保险领域的变革。在交通领域，汽车在不断发生变化，比如当前轿车配备有操作系统，运行用户安装的应用程式并连接至互联网，传感器使得远程收集车辆每个零件的信息成为可能。汽车之间甚至可以相互沟通，以防止交通事故发生；医疗保健领域也在不断发生变化，人们可以通过穿戴可测量、追踪和分析具体身体状况的设备，医疗保健专家通过这些设备发现规律并提出建议；在住宅领域，设备可以监测室内环境并根据指标进行改动，同时，还可以辨识需要采取预防措施风险因素，比如烟雾、触发警报等。如今，已经有技术链接所有这些系统，可以通过网络连接轿车、用户和住宅，为用户带来远程信息处理保险模型。

这种连通性的潜在结果就是保险领域的个性化。当政策和保费高度个性化时，当前的商业模式将不再可行；另一种可能是，投保风险的主动式管理。要做到这一点，保险公司必须直接与客户交互，还需要客户参与并调整行为；第三种可能是，保险公司将使用个人数据为客户提供更贴切的价值。到目前为止，保险公司主要将数据用做报告和降低风险的一种手段。但是，获取新数据流的能力，使得之前有优势的竞争力逐渐变成大众化商品。出现为消费者提供更多体验的新竞争对手，保险公司做出响应时，需要收集分析新发保单和续保时的数据，还需要收集整个保单期的数据。保险公司需要对客户的财务状况和需求更有把握，必须成为面向客户的风险顾问。保险公司必须根据当前保险领域的状况，及时地做出改变，因为客户离开后，就很难将他们重新争取回来。

三、去"金"就"服"的蚂蚁金服，未来在何方

随着蚂蚁金服向保险行业开放定损宝 2.0，以及余额宝和花呗先后宣布向金融机构开放，蚂蚁金服旗下所有的金融产品都实现了开放。这些产品背后，蚂蚁金服做好科技的部分，而金融的部分则发挥金融机构的优势。

1. 重点在"服"上

2018 年以来，国内很多金融科技公司纷纷表态自己是"科技公司"而非"金融公司"。早在 2017 年 3 月蚂蚁金服就再次强调"未来会只做tech，把 fin 交给金融机构去做"。

马云曾放豪言"银行不改变，我们就改变银行"，那句话曾让很多人确信，支付宝和蚂蚁金服就是要自己做一家金融机构。蚂蚁金服副总裁陈亮表示："很多人以为，蚂蚁金服，里面有一个'金'字，就代表是一家金融机构，这完全是一种误解，叫蚂蚁金服而不是蚂蚁金融，因为重点在'服'上。"

蚂蚁金服成立时，蚂蚁金服总裁井贤栋描摹了他心目中理想的生态："在整个蚂蚁金服的业务体系中，支付、理财、融资、保险等业务板块仅是浮出水面的一小部分，真正支撑这些业务的则是水面之下的云计算、大数据和信用体系等底层平台，蚂蚁金服的战略就是要开放这些底层平台，与各方合作伙伴一起，开拓互联网时代的金融新生态。"

南京银行选择蚂蚁金融云作为自己搭建互联网平台的技术合作伙伴。南京银行信息科技部副总经理李勇表示："蚂蚁金服的技术已经在支付宝、网商银行等金融业务场景得到了广泛应用，并经历过双 11 海量用户的考验，这正是我们想要的。"

在金融领域，任何一个技术或平台能力要具备开放的条件都需要一个漫长的过程。2015 年秋天，蚂蚁金服陆续上线了基于移动端的蚂蚁聚宝、蚂蚁保险平台。2017 年以来，蚂蚁金服又陆续向基金行业开放自运

营平台"财富号",向保险行业开放"车险分"、"定损宝",将包括 AI 技术在内的各项能力开放给行业。

与蚂蚁开放合作的金融机构,正陆续感受着科技带来的变化。华夏基金副总裁李一梅表示:"用户的反馈都能在数据上体现,如今我们充分感受到数据驱动的力量,用数据结果来优化自己的产品、运营、甚至决策,这是从未有过的。我们不仅重新认识了人和服务如何链接,还搭上了智能运营的快车。"

2. 未来在何方

随着蚂蚁金服旗下所有的金融产品都实现了开放,蚂蚁金服的未来会怎样发展,成为外界新的关注点。

从蚂蚁金服一系列的开放动作可以看到,蚂蚁金服背后的科技能力与金融机构形成了互补,蚂蚁金服希望通过开放合作达成服务更多小微群体的愿景,同时,将区块链等最新的技术应用普惠实践中。

普惠金融市场仍有巨大的空间。以理财市场为例,2018 年 4 月,胡润研究院发布的《2018 中国理财规划师白皮书》提到,中国理财市场规模超过百万亿元,理财服务的广度和深度都有待拓展。2018 年 5 月,支付宝宣布推出"码商成长计划"时透露,码商的潜在数量接近 1 亿,这部分小商家理财、保险、贷款等金融需求需要满足,这也是蚂蚁金服与金融机构合作的机会。

而蚂蚁金服开放的技术能力,远不止在金融领域发挥作用。2015 年 9 月,蚂蚁金服就宣布启动"互联网推进器"计划,将平台、数据、技术方面的能力全面开放到出行、医疗等商业领域。

在出行领域,从 2016 年到 2017 年,国内已有 50 多个城市实现了支付宝扫码乘公交,包括云计算、地图导航、办公协同等能力都被整合起来服务公交、地铁领域,帮助公共交通行业实现服务和商业模式的升级;在医疗领域,支付宝早就推出未来医院计划,帮助全国近 3000 家医院实现了互联网化。2018 年 5 月，浙江大学医学院附属第一医院通过与蚂蚁金服旗下的支付宝、芝麻信用、花呗合作，实现"先看病后付费"。信用医院模式能够为患者节省 60% 的就诊时间，在未来，刷脸技术的引进将进一步节省医疗流程的时间。

第二节 "无人银行"成为趋势

随着创新技术的发展,"无人"已经渗透到日常生活中的很多领域。从"无人驾驶",到"无人超市""无人药店""无人银行","无人"以其效率优势,已经成为当下的资本市场的热议话题。

一、"无人银行"具有一定的优势

2018年4月9日,中国建设银行在上海黄浦区九江路开设了国内第一家"无人银行"。"无人银行"是指不需要银行职员帮助、顾客通过电子计算机设备实现自我服务的银行,也称为自助银行。

建行开设"无人银行",除了存取款、汇款等简单业务外,客户可以通过智慧柜员机、远程视频柜员机办理理财咨询、贷款等业务。现场智能机器人可以起到简单的引导作用，帮助老年人等群体与客户经理建立远程联系，进而通过互动解决大部分难题。人脸识别技术与指纹识别等技术相结合，可以成功地实现身份匹配，保证操作的安全性。

事实上，兴业银行在 2014 就推出"智能柜台"，2017 年"智能柜台"已迭代升级至 4.0 版，服务效率较传统柜面提升 58.2%；2017 年，广发银行推出智能网点，实现了网点智能机具、柜面系统以及移动终端之间的互联互通；招商银行则推出"未来银行"，从主动性、交互性、差异性三个方面解决了传统银行的痛点，大幅提高效率、提升用户体验。

华泰证券认为，"无人银行"顺应了科技时代发展趋势。在效率方面，办事流程被简化，提高审核速率与准确率，提高办事效率缩短办事时间；在成本与收益方面，短期来看，购买机器、升级银行网络结构、日常维护自助设备，都会带来成本的增加，但从长期来看，能够节省劳动力成本。从银行自身运营的角度，"无人银行"具有一定的优势。

二、引发银行体系裁员潮

随着银行物理网点的增速放缓甚至是减少，银行对柜员的需求程度降低，柜员也成为整个银行体系主要减员对象。随着"无人银行"的出现，进一步引发了银行体系的裁员潮。

据大行年报显示，五家国有银行在境内银行机构全部出现裁员现象，其中工商银行、农业银行、建设银行减员都在 8000 人以上。中国银行仅内地商业银行机构裁员 96 人，交通银行境内银行机构裁员 1259 人。事实上，除了五大行，整个银行业都有裁员的趋势。根据有关数据显示，近三年来，15 家上市银行员工人员都有减少的趋势，其中工商银行、农业银行、建设银行和平安银行的人员流失数量最大。

对银行从业人员来说，裁员是危机，也是机会。就如翻译软件出现时，人们以为它会夺取翻译从业人员的饭碗，结果是，翻译软件的广泛应用不仅没有让翻译的价格下滑，反而，优秀卓越的翻译人才价格越贵了。这是因为，不被看好的行业，参与者就变少，最终高级需求仍然存在。同样的道理，银行柜台业务也许被机器人和 AI（人工智能）技术取代，但是一些与人类情感需求有关的业务，永远不会被取代。

深爱银行业的从业人员如果选择坚守，就要把自身打造成懂心理需求、懂随机应变、业务过硬的高端人才。这样，不仅会保住饭碗，甚至博得高薪也是指日可待。

对于一些注定会被淘汰的从业人员来说，事不宜迟，早跳出来才能早适应市场，谋求新的发展。如今民间金融发展炙热，人才缺口很大，趁机空降到网络借贷等平台，还有消费金融公司、汽车金融公司等，都是不错的机会。对于银行偏销售岗位的朋友，也许可以尝试保险销售行业。保险业的兴起将成为历史必然，养子防老的传统养老体系崩溃，人们在社会保障之外，有寻求更多保险保障的强烈需求，有需求就有机会。

另外，自主创业虽然注定是一条布满荆棘的路，但是披荆斩棘之后，往往会迎来成功。比如有的银行高管离职后，开始了金融科技公司的创业之旅，为金融机构提供风控和反欺诈等技术服务，未来看好。

也有从银行业分流出来的人员，进入了区块链创业深水区，为银行等客户寻找场景来应用区块链技术，这是近些年来比较火爆的技术，具有很大的发展空间。

总而言之，未来的金融人，要么走向高端服务，要么走向科技创业，要么从事民间金融，历史的车轮滚滚向前，只有顺应潮流的发展，才不会被时代淘汰。

三、五大行如何打好"科技牌"

根据中国银行业协会发布的数据，2017 年银行业金融机构离柜交易达 2600.44 亿笔，行业平均离柜业务率 87.58%。那么五大行裁掉传统柜员后，是如何转型打好"科技牌"？

1. 中国工商银行

2017 年，中国工商银行组建"七大创新实验室"，投入 300 人的新技术研究团队，全面布局金融科技各技术领域，并在大数据、物联网、区块链、人工智能等领域初步实现科技价值到业务价值的转化，形成了可面向内部开放、外部输出的企业级技术能力。

中国工商银行网络金融部总经理吴翔江表示，2017 年，以互联网业务为主体的电子银行的业务量，占工行全部业务量的 94.9%。目前，从商业银行的角度来讲，金融服务交易离柜，客户离行的特点是非常明显的。对此，工行主要从三个方面着手谋划 3.0 战略：理念创新，模式创新，手段创新。

2. 中国农业银行

2017 年，农行顺应金融科技发展趋势，充分借助创新技术，加快推进零售业务转型，稳步提高个人金融业务市场竞争力。积极推进网点智能化转型，全面推广网点标准化转型，持续提升客户体验。2018 年 4 月 20 日，中国农业银行 DIY 智慧银行在重庆解放碑步行街建成开放，只会银行突出"以客为尊""以客户为中心"，用金融科技、AI 技术、大数据分析重新定义新时代金融服务。

从员工业务结构来看，除了管理人员、交易人员、科技人员数量有少量增加外，农行柜员、行政人员、销售人员、风险管理人员、财务人员属相在 2017 年均有所下降，其中柜面人员数量降幅最为明显。截至 2017 年年末，农行柜面人员比 2016 年减少 9189 人，占全行减少总人数的 97.85%。

3. 中国银行

2017 年，中国银行以智能柜台为核心，积极推进线下渠道流程优化和智能化建设。实现智能柜台境内分行全覆盖，推广至 8526 家网点，网点覆盖率达 80%。

中行副行长任德奇表示："在金融科技方面，中行将用3到5年的时间，把科技元素注入全流程、全领域，逐步建成场景生态丰富、线上线下协同、用户体验极致、产品创新灵活、运营管理高效、风险控制智能的数字化银行。将就手机银行、基础技术研发与平台建设、智能产品和场景生态建设、科技创新的投入与保障等方面发力。"

4. 中国建设银行

数据显示，建行的科技人才总数高达 28950 人，几乎是工商银行的科技人才总数一倍，占比更是高达 8.21%。

建设银行在 2017 年年报中提到，优化网点渠道布局，99% 的网点完成智慧转型，在线运行智慧柜员机 4.7 万台，覆盖全部网点。建立数据分析人才培养的长效机制。通过实施"绿树工程"专业数据人才培养计划，组织多层级针对性培训，培养了一批数据分析专家，为推动数字化银行建设培育人才队伍。

5. 交通银行

2018 年 4 月，交行在全国营业网点配置近 6000 台手持终端，为客户提供一站式移动金融服务，扩展了超过 3000 家传统营业网点的服务空间与时间，真正实现各类银行业务的实时办理。面对金融科技带来的机遇，交行依托优质高效的传统线下渠道，创新"线上 + 线下"协同服务模式、打造线上金融科技平台，将大数据、移动互联和人工智能等技术应用于精准营销和业务发展。

四、"无人银行"会成为潮流吗

毋庸置疑，银行网点智能化是金融科技发展的方向。但"无人银行"是否会成为银行发展的潮流，还有待市场检验。

移动互联的普及与推广，使线上渠道迁移了银行柜台绝大部分业务。有统计资料显示：手机银行、网银的柜台替代率高达95%，银行客户线上化已是不争的事实。能用手机搞定的业务，会有人选择"无人银行"自助办理吗？鉴于此，"无人银行"说不定会遭遇"银行无人"的尴尬。

移动互联的高速发展，带来客户结构的深刻变化。银行线下客户主要有三类：一是不会使用自助终端的老年人群；二是有特定业务需求的人群，比如需要办理现金存款、理财咨询这些手机、网银渠道不能办理的业务；三是纯粹追求客户体验的高端人群。从实践看，上述三类客户都离不开银行的"线下"人工服务。

人机互动是智能化网点销售的关键。"无人银行"运用先进的高智能技术替代了程序化的工序，但智能机器只是一种辅助工具，无法替代厅堂销售中人的情感交流和人的咨询沟通。

在业内，关于银行网点能否消亡的争论一直没有停息过，不过目前主流看法是，随着互联网金融的进一步深化，商业银行网点形态将会发生改变，银行智能化转型是大势所趋，但目前来看，实现全面无人化推广难度依然较高。

目前，"无人银行"为银行网点转型打开探索新路径，不过，银行业务还难以实现百分之百无人化。据了解，目前建行的这家"无人银行"网点还是会有银行员工参与，比如客户在智能终端上开卡、汇款时，出于安全风险考虑，也会安排工作人员现场服务。

未来，"无人银行"将是发展大趋势，网点集约化也会是大趋势，"无人银行"难以完全无人化也是技术所限，但是后台有职员操作未来却可以同时处理多个网点的业务，效率可以提高很多。

苏宁金融研究院高级研究员赵卿也认为："目前的'无人银行'是体验于前端用户体验方面，从客户的角度感受，银行业务的全自助方式开展，并不是意味着银行所有的业务都是通过智能化方式开展，很多银行都在推进网点智能化建设，但是'无人银行'的普及可能还需要一个过程，毕竟不同地区、不同年龄的客户对智能化网点的接受程度不同，银行的部分业务还需要人工引导。"

第三节　未来配置数字资产将会是一个趋势

　　自货币产生以来，其具体形式随着生产力和商品经济的发展不断地变化。数字货币是金融科技的重大创新，给社会带来了重要的变革。

　　央行直属单位印制科学研究所 2017 年度人员招聘计划显示，拟招聘专业人士进行数字货币研发工作的消息成为热点新闻，这意味着我国对数字货币的研发工作已步入正轨。从贝壳到铜钱，从交子到银圆，中国的货币形态变化历经数千年。如今，数字货币真的要来了吗？

一、数字货币是什么

　　提起数字货币，人们首先会想到网上银行、支付宝里个人账户上的一串串数字，以及风靡一时比特币，但从本质上来说，三者并不相同。

目前，支付宝、微信支付等电子支付方式日益普及，但这些都不能称为数字货币。业内相关专业人士表示，支付宝、微信支付等电子账户使用的都是电子货币，而不是数字货币。电子货币只是传统货币的电子储存形式，对用户来说，电子货币的数字与银行里的钞票是相对应的，银行卡里的钱其实还是一张张钞票存进去的。但是，数字货币本身就是财富的表现形式，数字货币可以换成钞票，但并不是钞票的电子记账形式。

近几年比较火的"比特币"，其实可以视为数字货币的一种。比特币具备一定的货币职能，可以用于购买商品和服务，体现其使用价值。但由于其发行独立于法定货币发行机构，没有国家信用背书，因此被认为不具有国家主权属性。

二、数字货币给央行带来的机遇和挑战

当一种数字货币发行后，很自然地，它就会和该国中央银行发行的法定货币相互竞争。流通的数字货币给国家央行带来的挑战，和国家央行面对国外货币的竞争是类似的。

在金融不稳定的经济体中，数字货币能够充当"竞争货币"的角色。众所周知，拉丁美洲一直饱受高通胀和货币贬值的困扰。2005年，Mauricio Macri 当选为阿根廷总统，他上任后就放开国家的货币管制，使得阿根廷比索可以转为美元和其他货币，也包括数字货币。2014年，厄瓜多尔宣布禁止比特币交易，开始推行自己的数字货币项目，用中央银行允许的货币为计价单位，为每个公民开设一个移动信用账户。此项目是厄瓜多尔政府去美元化和维持对经济管控能力的尝试。通过以上的例子我们可以看出，数字货币会削弱中央银行实施货币政策的能力。中央

银行通过法律，指定法定货币作为交换媒介。而如果某一中央银行被迫和其他货币发行方产生竞争，市场真实的供需将成为何种货币被广泛接受的决定性因素。

2016 年，英格兰银行的两位官员霍尔丹和布罗德本特在公开演讲中提及了 Fedcoin（美联储币），按照 Fedcoin 的模式，公民和企业可以直接在中央银行开户，而不像当前这样将资金存入商业银行。历史上，中央银行不吸收公众存款的原因之一，就是这需要记录海量的交易信息。数字技术的发展则克服了这些困难，中央银行数字账户的初始记录可由现有存款账户金额直接转换而来，而新的数字货币存储在中央银行管理的区块链上。当存款人支付数字货币时，他们可以在区块链上将资金转给交易对方，同时中央银行分别将两笔交易记录在区块链上。中央银行作为可信的第三方管理区块链，拥有对区块链账单进行增加和修改的绝对权力。为了保护个人隐私和企业的商业秘密，中央银行区块链在某种程度上会被隐藏。

在应对金融系统性风险方面，由于中央银行直接作为资金的存入和借出方，商业银行也不再需要将资金从活期存款转换到长期抵押贷款和其他贷款中，产生金融危机时，这会极大降低商业银行面临的流动性危机。同时，存款保险制度的退出，也极大解决了商业银行风险转移和道德风险的问题。

中央银行发行数字货币也会带来一些负面影响。由于存款从商业银行转移到中央银行，商业银行将面临融资成本大大提高，商业银行为了降低成本，可能会大幅降低它们的信贷活动，这可能会对经济活动带来不利影响。在监管领域也可能会出现问题，央行是商业银行的监管者又是竞争者，也就是中央银行同时扮演裁判员和运动员的角色。发行和控制数字货币的中央银行，可以查看甚至控制个人的财务情况，而不受任何独立的司法制度的制约。更严重的问题是，道德风险由商业银行转移到中央银行，它可以用很低的成本使得通货过度膨胀，这也会引发市场的忧虑。

中央银行可能不会按照 Fedcoin 模式发行数字货币。但是，中央银行可能被区块链吸引，尝试将区块链技术应用到央行支付处理和交易清算功能上。

数字货币的出现，迫使央行必须在禁止、允许和合作创新之间作一选择。在许多成熟经济体内，央行采取了折中的办法，也有央行正在探索引入主权数字货币的可能性。

三、中国央行对待数字货币的态度

2017 年 2 月 3 日，央行推动的基于区块链的数字票据交易平台就已测试成功，由央行发行的法定数字货币已在该平台试运行。继数字票据交易平台测试成功后，2017 年 5 月，数字货币研究院在北京挂牌。并且，央行为了加快金融科技工作的进展，在 2017 年 5 月 25 日成立金融科技专业委员会后，还专门成立了数字货币研究组。

业内人士认为，央行看好数字货币的发展，但只限于法定数字货币。究其原因，无非是比特币与山寨币都牵涉了大量的非法金融活动，影响了市场稳定。2017 年 9 月 4 日中国人民银行联合六部委发布了关于防范代币发行融资风险的公告，警示金融机构和非银行支付机构以及普通民众。2017 年 9 月 14 日比特币中国发布公告：于 9 月 30 日停止所有交易业务。至此，比特币在中国结束了它的辉煌历史。

四、其他国家对待数字货币的态度

1. 日本

日本是一个非常热爱现金交易的发达国家，据日本官方数据显示，现金交易占据了日本 70% 的交易额，而其他发达国家的现金利用率只有 30%。但随着 Apple Pay 和支付宝进驻了日本之后，日本本土银行感受到了威胁，因此决定于 2020 年全面推出"J 币"，并且主推转账无手续费功能。

日本在发展电子货币方面有些缓慢，但是在发展数字货币的态度上却非常积极。日本在中国禁止比特币交易后就成了全球最大的比特币市场，这意味着，日本将以此吸引大量数字货币企业的关注和入驻。截至 2017 年 12 月 30 日，日本金融厅（FSA）已通过第三轮审核，再次批准了 1 家加密货币交易所。早在 2017 年 9 月份和 12 月初，日本金融厅便审批通过了 11 家加密货币交易所和 4 家加密货币交易所。

2. 美国

美国与日本对待数字货币曾是一样的态度，在 2017 年 3 月美联储曾明确表示不会发行 FedCoin。但没过多久，纽约联储主席杜德利却表示，随着加密货币价值持续大涨，美联储开始考虑推出官方数字货币。

2017 年年底，美国专利商标局还为美国银行颁发了一项专利，其主要是方便美国银行为企业客户提供数字货币交易服务。为了尽量规范数字货币的市场，美国方面于 2017 年 12 月 22 日发布最新税务改革方案，方案中提出比特币和其他数字货币的投资者将不能提前缴纳资本所得税。由此可见，美国的数字货币将在扶持和监管中发展。

3. 韩国

韩国作为世界上最大的比特币交易国家之一，在对待比特币的态度上，却与日本相差甚远。2017 年 9 月份中国宣布禁止"首次代币发售"后，韩国金融监管机构也加紧了对包括比特币在内的数字货币的监管。2017年 12 月，韩国表示将考虑对比特币等数字货币征收企业税、赠予税等，以期减少投机性投资存在的现象。韩国政府加强了监管，却宣称不会禁止所有数字货币交易。

2018 年元旦，韩国宣布暂时停开新的虚拟货币交易账户。其官方给出的解释是：此次全面禁止新开账户的主要原因是银行导入基于实名制基础上的资金出入流转系统需要 1 个月左右的时间。

4. 俄罗斯

中国封杀比特币之后，俄罗斯财政部副部长当即在 9 月底表示俄罗斯将会对加密货币支付实施禁令，而在此之前，他曾表示比特币在俄罗斯应该被归类为一种资产。可见在中国封杀比特币之前，俄罗斯对比特币等数字货币还持较开放的态度。

虽然俄罗斯积极封杀比特币，但却没有放弃开发官方的数字货币。2017 年 10 月 16 日，俄罗斯总统普京正式宣布，俄罗斯将在莫斯科举行的闭门会议上发布官方数字货币"加密卢布"CryptoRuble。并且据官方说明，CryptoRuble 不能由挖矿而得，只能由管理当局发放、管理和维护。

5. 澳大利亚

澳大利亚是少数全面放开比特币等数字货币交易和流通的国家，并且还通过几次立法，帮助数字货币进入主流社会。比如澳大利亚财政部长曾发布官方文件，取消对数字货币征收的商品和服务税，由此使得民众对政府支持的数字货币达到了高度认同。并且，澳洲已有很多金融科技企业向澳储行和财政部提交了关于创建一种新型政府加密货币的提议。

看来，澳大利亚政府虽然有发行法定数字货币的意愿，但仍不想驱逐非法定数字货币。

6. 瑞典

2017 年 3 月以来，瑞典央行一直在研究发行数字货币。据悉，现金支付在瑞典全国的交易中已经跌至 15%。由于担心控制货币流通的职能被削弱，瑞典央行终于在 9 月 21 日正式宣布启动数字货币项目"e-krona"。

据官方介绍，电子克朗主要用于小额交易。这种货币也将具有匿名支付功能，电子克朗的供应量是有限制的，会根据需求调整供应量。

虽然瑞典启动了数字货币项目，但其政府对于比特币等非法定数字货币的发展并不看好，甚至认为其是金融泡沫，会威胁到国家经济。

7. 乌拉圭

2017 年 11 月 6 日，乌拉圭中央银行正式推出了其开创性的乌拉圭比索数字化。与中国、俄罗斯、日本及澳大利亚等国本国法定数字货币的研发还在理论阶段相比，BCU 推出的数字乌拉圭比索已经进入实际测试阶段。乌拉圭央行官方表示，关于乌拉圭比索数字钞票的发行和使用的试点计划将为其 6 个月，总价值 2000 万名乌拉圭比索。另外，BCU 还透露，如果央行决定在半年后继续使用数字货币，实体货币也不会立即关闭，因为还需要很长的过渡时间。

业内人士认为，乌拉圭不久前刚刚经历了一场严重的地区性经济衰退，所以需要发行法定数字货币来弥补现金短缺，抑制通货膨胀，进而达到稳定经济的作用。

五、稳定币是加密货币的未来吗

稳定币是一种具有稳定价值的加密货币。加密数字货币的价格波动巨大，稳定币作为一种交换媒介，连接数字货币世界与法币世界。

稳定币的出现，减少了加密数字货币和以法币为基础的金融资产间的隔阂，在拓展加密数字货币应用场景的过程中，也发挥着重要的链接作用。但也有学者认为，稳定币的爆发也为加密数字货币市场埋下了一颗定时炸弹。

1.稳定币的分类

目前市场上的稳定币可以分为三类：第一类是链下资产抵押型稳定币，即中心化机构将持有的美元、黄金等资产进行抵押，发行可以以固定的比率赎回相关资产的稳定币；第二类是链上资产抵押型稳定币，即区块链用户将持有的数字资产包在区块链上进行抵押，区块链系统根据抵押资产的价值发行一定数量的稳定币，在抵押资产价值下降的时候需要及时补充抵押资产以保证稳定币币价的稳定；第三类是算法型稳定币，即用智能合约模拟中央银行增加或者缩紧货币供应以保持币价的相对稳定。

算法型稳定币的货币供应规则，要模拟中央银行创建一套增加或者收缩货币供应规则的算法极其不容易，而且还需要有规模足够大的数字资产生态系统，因此算法型稳定币很难经得起实践的检验；链上资产抵押型稳定币的稳定性依赖于抵押资产价值的稳定性，但目前数字货币资产的价值具有高度的波动性，所以目前阶段，该类型的稳定币仍然难以保持足够的稳定性。

对稳定币的需求，主要开始于各国政府对数字货币与法币的交易进行限制或禁止之后，因此，从现有的经济体系中寻找价值标杆，即发行以美元等法币为锚的稳定币，被认为是重新建立数字货币领域价值尺度最有效的方式。

2.为什么需要稳定币

投资者需要一种能够替代法币进行价值锚定的媒介进行交易，衡量持有数字货币的价值，稳定数字货币的概念更偏重于与某个法币或者现实资产进行锚定。

目前国家发行的法定货币体系是决策中心化的，货币的发行完全掌握在国家手中，政治不稳定、政府政策错误等原因都有可能导致法币价值的不稳定。去中心化货币为人们提供了另外一种维持购买力的选择，避免因为货币问题产生连环效应，进一步造成经济和社会问题。比特币等数字货币给规避中心化的法币风险提供了新的思路，然而，数字货币的价格波动率阻碍了数字货币的大规模市场应用。

金融市场交易也需要数字货币的价格保持稳定。货币是金融的基础，在金融市场中，金融交易本身是对市场风险的预测与平衡，如果数字货币本身要对未来承担极端的价格风险，那么信贷和债务市场便很难基于数字货币而形成。如果有价格稳定的数字货币去实现将变得更加安全快捷，因此赋予货币稳定的价值对金融市场具有重要意义。

3.稳定币和法定数字货币

目前，法币系统与加密货币系统是两个脱节的系统。最重要的一点是，法币不具有可编程性。如果国家发行加密数字货币，将促成法币系统与数字货币系统的变革，法币将具有可编程性，有了可编程性就有了未来一切智能化、自动化的可能。

账户系统也许会发生大幅改革，从原有账号密码体系变成类似于比特币的二进制数字账户系统，也可能会做大幅的改革，因为加密数字货币的账户系统毕竟太不人性化了。如果该系统完全电子化，各国均可免费快速申请，实现数字货币在全世界自由转让流通。

如果央行发行加密数字货币，将可以成为真正的受监管、公开、透明的稳定货币，而这也将是人民币国际化与区块链世界的契机。

4.稳定数字货币的风险

各国央行数字货币计划的竞争风险。包括中国在内的很多国家都对数字货币表现出了积极态度，并将国家法定数字货币的发行计划提上日程。国家发行的法定数字货币是对现有法币的补充，在世界范围内认可度受限，而且它依然是一种中心化货币，既无法保证隐私性，也无法规避经济危机或货币政策错误造成的风险。

法定数字货币应用了区块链技术，可以满足人们对于数字货币日常支付的需求，也会对加密稳定数字货币造成一定的冲击。

锚定物价值不稳定。现有稳定货币锚定物包括美元、黄金等，当锚定物价值发生大幅度波动时，各稳定货币若没有做出及时调整，将会加剧整个金融市场的风险。

针对各类风险，代币在白皮书中也提出了很多应对措施。比如 DAI 提出了目标价变化率反馈机制，当市场出现不稳定因素时，此机制会根据敏感度参数被启动，使得 DAI 保持美元的标价，但是脱离与美元的固定比率。敏感度参数由 MKR 持有者设置，但是目标价和目标价格变化率一旦启动，就直接由市场决定。当出现严重紧急情况时，全局清算步骤被触发，保证 DAI 和 CDP 持有者都会收到可兑换的资产净值。

第四节 银行"蝶变"预示金融科技的未来

从与科技巨头开展合作，到银行系金融科技子公司的陆续挂牌，从智能机具替代人工柜台，到全国首家"无人银行"的开业，传统商业银行正在金融科技领域经历着从跨界合作到自主研发甚至向外输出的"蝶变"。银行业的这一系列动作，在一定程度上也预示了金融科技未来的发展趋势。

一、金融科技发展战略升级换代

如果说 2017 年是银行业和科技公司的"牵手年"，那么 2018 年则是银行业自建科技子公司出击金融科技的"独立年"。

业内人士认为，长远来看，有一个趋势清晰可见，那就是，银行机构承担科技创新的载体，正从第一阶段的网络科技公司转变为金融科技子公司。二者最主要的区别在于，前者的主要使命在于支持母行电子银行部，而后者不仅能支撑银行 IT 架构，还能跟踪研究新技术、研发金融新产品，甚至实现金融科技的对外输出。

从"牵手"到"独立"，这在一定程度上体现了银行布局金融科技战略的升级换代。

2018 年 5 月，在招商银行例行新闻发布会上，该行首席信息官陈昆德强调，招行发展金融科技并非从技术本身出发，而是从金融科技的思维和文化入手，他说："关键不是我们拥有什么科技，而是我们怎么去运用科技、怎么运用金融科技的思维和精神。金融科技不是目的，而是手段。招行的终极目标是借金融科技进一步提升用户体验。下一步，招行将加大运用金融科技手段，打造最佳客户体验银行，力争在金融服务体验上比肩互联网公司。"

招行从多个维度加大对金融科技的投入，以新的理念和机制推进新生态体系的构建。金融科技的核心是技术，本质是金融，而服务才是目的。

二、"外设与内孵"各有所长

总览银行金融科技布局全景，设立金融科技子公司只是路径之一，此外，还有多家银行选择设立内部创投基金的方式，孵化金融科技项目。

不同的银行背景和特点也不同，但是，借助市场化方式提升科技能力的目标还是一致的。银行是否成立金融科技子公司，只是展现方式的不同。

浦发银行副行长潘卫东说："浦发银行当前主要考虑集中提升服务能力，为子公司和母行之间的贯通搭建好平台。"目前，浦发银行与上清所、华为、百度和科大讯飞成立了4个智能金融创新实验室，还在数字化方面设立了20个创新项目。

2018年，招商银行将该行的科创基金规模从每年税前利润的1%提至营业收入的1%，建立金融科技创新孵化平台，为金融科技创新项目提供全面孵化支持。截至2018年3月31日，招行全行申报金融科技创新项目共386个，已完成立项评审进入验证评估阶段的项目共174个，项目从提出创意到落地上线，平均周期仅为128天。

除了股份制银行以外，部分城商行也加大了金融科技的"内孵"投入。上海银行从机制上建立了信息科技管理委员会专项审批通道，实现创新项目的快速决策。目前，该行的首批落地创新项目集中在直销银行、手机银行、新柜面及渠道业务方面的应用、商务合同电子化等领域。2017年，南京银行科技总投入达到4.4亿元，而该行表示，2018年，在研发和科技系统建设方面的投入计划再增加不低于20%。

三、数据价值将被极大挖掘

2018年5月，银保监会下发《银行业金融机构数据治理指引》，鼓励银行业结合实际情况设置首席数据官，开展制度性探索。业内人士预计，在未来，银行业数据价值将被极大地挖掘，金融科技发展模式也将从丰富入口转向数据治理。

专家认为，以前，传统银行聚焦于通过平台搭建自建入口、场景嵌入共建入口，试图通过跨界合作共建综合金融服务生态圈；未来，传统金融机构将聚焦于数据治理、底层技术基础设施的建设。

交通银行金融研究中心首席研究员周昆平认为，数据治理还将重塑银行信用管理模式：降低商业银行获取信用成本，提高客户信用信息的真实性，重构银行的信用风控模式。同时，基于规模化数据的智能分析，实现精准营销，降低客户营销成本。

目前，已有多家银行运用大数据开发出了创新产品，以农业银行创新推出"数据网贷"产品为例，该产品通过与核心企业信息系统进行对接，采用数据挖掘技术，对核心企业与其上下游小微企业之间的海量交易数据进行分析，运用创新的算法与模型进行智能化的信贷决策，向核心企业上下游的小微企业集群提供融资服务。

第五节　BAT 如何布局区块链

2018 年，随着数字货币的低迷和 ICO 被监管部门明确禁止，区块链技术成功地去 ICO 和去数字货币化，成为被行业认可的极具潜力的基础技术。

2018 年 4 月 23 日，腾讯发布第一款代号 "Z" 的区块链游戏。同一天，阿里云发布区块链解决方案，支持天猫奢侈品平台 LuxuryPavilion 推出全球首个基于区块链技术的正品溯源功能，百度也正式上线区块链产品图腾，主要是针对图片版权问题等。看来，未来 BAT 在区块链领域大有重拳出击之势。

一、与 ICO 划清界限

2015 年到 2017 年，可能和大众对"区块链就是比特币"的误解有关，BAT 和区块链刻意保持距离。

在 2018 年的两会上，马化腾发表了自己对于区块链的看法："区块链是一个好的技术，但还处在发展的早期，需要建立有效的应用模式，腾讯也在积极探索区块链在各个场景中的应用。区块链技术是好的，但怎么用好是另一个方面。如果做数字货币 ICO，我觉得还是有很多风险的。现在数字货币虽然很热，但是我们并没有参与其中，我们不考虑发币，因为我觉得这是一个非常有风险的事情。"

阿里和腾讯一样，坚决不碰数字货币，马云曾说："对于比特币，我没有太大的兴趣。我想知道的是比特币可以给社会带来什么？话说回来，我自己认为比特币技术功能非常强大，但我们看比特币非常小心。"

2018 年 1 月，有媒体报道称阿里巴巴上线挖矿平台 P2P 节点，阿里巴巴随即立即辟谣表示：经核实，该业务实际上是阿里云基于 P2P 技术的 CDN 业务，与"挖矿平台""虚拟货币"等毫无关联。并强调，绝不会发行任何比特币之类的虚拟货币，也不会提供任何所谓的"挖矿平台"；2018 年 3 月，蚂蚁金服 CEO 井贤栋表明了与 ICO 划清界限的立场："目前为止，我们是全世界区块链技术专利最多的公司，但我觉得我们没有一项跟 ICO 有关系的。"李彦宏谈到区块链时表示，区块链技术虽然非常有革命性，但现在还处于非常早期的阶段。

二、公益领域切入

区块链去中心化、公开透明的技术特点，很适合用在公益领域。

第九章

过去未去，未来已来

2016年7月，蚂蚁金服将区块链技术首先应用于支付宝爱心捐赠平台，帮助听障儿童获得一笔善款，然后运用区块链技术促进公益更加开放透明。蚂蚁金服技术实验室高级产品专家胡丹青说："区块链公益平台就像是我们在互联网上构建了一个专门用于邮寄资金的邮局。用户捐的每一笔钱，我们都会打包成一个包裹，这个包裹通过区块链平台传递，每经过一个节点，我们都会盖上一个邮戳，最后送到受捐人手上。这样可以保证用户捐的每一笔钱都是透明、可追溯、难以篡改的。"2018年，腾讯可信区块链研究院推出"公益寻人链"平台，通过链入多家寻人机构与网站，突破了信息孤岛，提高了寻人运作的效率。使用"公益寻人链"的公益慈善机构可以完成数据的分享，各个寻人机构依然能够保持独立的筛选机制和自主性。

三、集中在金融领域布局

BAT对于区块链的大部分布局集中在金融领域。2016年5月，金融区块链合作联盟正式成立，腾讯作为成员单位加入。这是腾讯在金融板块上，最早入局区块链。

没过多久，微众银行金联盟成员单位之一，基于自身业务实践开发出国内首个面向金融业的联盟链云服务BaaS。2017年，在腾讯全球合作伙伴大会上，腾讯云正式发布BaaS，并表示这套解决方案，会结合腾讯在大数据、征信、AI和第三方支付等方面的能力，在智能合约、供应链金融与供应链等场景下提供区块链服务。随后，腾讯在供应链金融、物流信息、法务存证等领域全面布局，这些领域均实现了区块链技术的场景化探索，比如，腾讯微黄金目前在区块链上已经累积超过4000万条交易记录。

百度在区块链金融领域的布局也很早，先是战略投资了 Circle 金融公司，主要业务是基于区块链技术做支付。2017 年 5 月，百度与其他金融机构联合发行区块链技术支持的 ABS 项目，发行规模 4.24 亿。在 ABS 市场，百度将区块链技术和 AI 技术结合，可以为消费金融 ABS 提供身份识别，实现大数据风控。随后，百度推出了自己的区块链开放平台"BaaS"，主要是帮助企业联盟构建属于自己的区块链网络平台。该平台在推出半年后，已经支撑了超过 500 亿元资产的真实性问题，成功应用于资产证券化、信贷等业务。

阿里在公益切入区块链后，凭借自身金融和电商领域的先天优势，随后切入互助保险。阿里对区块链的重要布局，还是结合天猫国际的发展战略，将区块链技术引用到支持进口食品安全溯源、商品正品溯源等。同时，阿里也在通过合作寻找更多的落地场景。比如，阿里与微软、小蚁等合作开发"法链"，推出基于阿里云平台的邮箱存证产品；2017 年年底，阿里与雄安新区签署了战略合作协议，将承建数字雄安区块链实施平台。

四、BAT 对区块链行业的影响

对于新技术来说，巨头的态度将非常重要。BAT 对区块链技术的重视，会左右区块链行业的走向，具体来说体现在以下几个方面：

1. 区块链 2.0 时代全面到来

业界已经有一个共识，区块链 1.0 就是数字货币；区块链 2.0 则是区块链与金融的结合，金融的本质就是数据，是信用，是合约，是共识；区块链 3.0 则是与各行各业、各种场景的结合。

目前，百度重点在区块链 2.0 上布局，百度金融将区块链当成核心技术之一。而蚂蚁则在区块链 3.0 上布局，寻求区块链在各行各业的落地。腾讯同样是想在 2.0 布局，然后再落地到游戏、医疗等场景。

2.区块链开放平台让区块链普惠

对于非技术企业来说，区块链可能是可望而不可即，区块链技术本身有很高的复杂度，还涉及实体和数字世界的影射，以及计算力等等要求。正因如此，百度和腾讯都推出了区块链生态解决方案平台，并率先在金融行业得到应用，解决百度金融以及百度其他业务拥抱区块链的需求。这类平台的出现意味着传统行业有机会应用区块链技术，让区块链成为一项普惠技术。

3.区块链创业者将获得更多资源

从 BAT 开放平台等一系列动作来看，巨头更愿意带着各行各业，包括创业者和开发者一起来探寻区块链技术和应用。而对于创业者来说，BAT 巨头重视区块链还有一个价值就是，巨头会更多在区块链上进行投资，投资机构也会因为 BAT 未来可能会收购、投资创业项目，而加大区块链投资力度。

目前在区块链领域还没有独角兽出现，再加上过去几年区块链行业受 ICO 的影响，现在正是重建的关键时刻。BAT 的入局，给整个行业的发展起到了很大的促进作用，对于区块链创业者来说，无疑也是个好消息。

第六节　未来，"城市大脑"会变成城市的真正大脑

在人类历史上，城市是最了不起的发明。经过了上千年的演进，道路、地铁、电网等基础设施，维系着城市的正常运行。然而，在步入"数字经济"时代以后，原来的基础设施渐渐不能支撑城市的数字化发展。

一个动辄上千万人口的城市，却没有一个管理和调度技术系统，来管理和调度城市所有的资源。"城市大脑"就这样应运而生，它将像电网、地铁一样，成为"数字时代"城市最重要的基础设施。

2018 年 9 月，在杭州云栖大会上，"城市大脑"再次发布交通 2.0 版。这意味着，同一时刻行驶在全城各处的 20 多万辆机动车，都处在实时、精准的调度下。迄今为止，在全世界没有任何城市完成过这样的"壮举"。"城市大脑"这个诞生于杭州的新概念，吸引了全世界的目光。

在很多人眼里，"城市大脑"就是一项顶尖的技术创新。很多人把"城市大脑"翻译成"Urban brain"，他们认为，"urban"是人对城市进行规划。但是，"urban"没有组织和结构概念，因为对应的是单个的、城市小区的规划。真正能够改变世界的是"City"，所以"城市大脑"应该翻译成"City brain"。由此可见，"城市大脑"不仅是一项技术创新，还是一个城市系统的创新。

一、"城市大脑"的主要作用

为城市规划提供强大的决策支持。通过挖掘城市地理、人文和社会信息，为城市规划提供强大的决策支持，加强科学性和前瞻性的城市管理服务。

"城市大脑"将有助于分析城市现状问题、了解城市变化情况、准确判断城市发展、剖析城市发展动力机制、思考城市的空间布局和设施配置。

改变红绿灯与摄像头"咫尺天涯"的状况。红绿灯和交通摄像在同一根杆上，但它们从来没有通过数据被连接过，摄像头看到的画面没有变成红绿灯的行动。这在浪费城市数据资源的同时，也加大了城市运营发展的成本。

"城市大脑"是这种"咫尺天涯"状况的终结者，摄像头得到了即时交通流量，通过分析这些流量数据，就可以优化路口的时间分配，提高交通效率。比如，"城市大脑"接管了杭州128个信号灯路口后，救护车到达现场的时间确实缩短了一半，高架道路出行时间平均节省4.6分钟，极大地提高了城市交通的流畅度。

释放产业集群效应。在"城市大脑"的协助下，政府部门可以更加直观地掌握区域内产业的活跃现状与活力变化趋势，挖掘并掌握本区活跃度高的行业并分析成因，为区域产业集群和产业活力分析画像，利用已经建成的基础数据，分析、展示平台，辅助政府决策，使产业集群效应不断释放。

优化经济下行压力大结构。"城市大脑"通过对经济社会数据资源的组织管理，推进经济社会各领域大数据研究、开发和应用，推动城市产业转型升级和经济结构优化。"城市大脑"将激活宏观经济运行大数据的深层次价值释放，建立了区域经济监测、预警、决策体系，为正确制定和有效实施经济调控措施提供科学依据。

清理整治公共安全存隐患。作为一个载体，"城市大脑"让预测、预警、预防在公共安全领域发挥重要作用。"城市大脑"依托人工智能和大数据可视分析技术，对公安行业的深度变革起到不可估量的作用。

同时，"城市大脑"还借助物联感知技术，对城市低洼地段积水进行实时监测，当暴雨、台风等恶劣天气来临时，可以及时预警、提前采取措施。

弥补监管部门对失信企业的监管死角。"城市大脑"对企业失信风险进行评估，实现了对城市辖区企业的高效监管。"城市大脑"基于企业失信风险评估以整合政府各部门产生的企业经营信息，补充垂直部门的信用评价，最大限度地对企业风险做出预警，使监管部门发现可能被忽略的失信企业，从而弥补各部门对企业经营信息掌握不全面带来的监管死角，避免风险产生。

撬动旅游业态改革。对旅游目的地来说，"城市大脑"可以为旅游目的地城市提供数据支撑，细分旅游市场，更加有效地确定目标市场，制定旅游发展规划，实现精准营销、业态创新和旅游产业转型升级。对游客来说，"城市大脑"还可以通过挖掘分析旅游热点情况和游客喜好，及时发布相关攻略，为游客提供更加舒适的旅游体验。

二、"城市大脑"建设中遇到的障碍

在"城市大脑"建设中，遇到的第一个障碍，就是数据的互通和使用。"城市大脑"需要技术支撑，这就意味着，城市核心的数据资源必须互通。

在"城市大脑"建设中，遇到的第二个障碍，就是政府管理和企业技术创新的有机结合。比如，在交通系统的建设中，参与"城市大脑"建设的工程师懂技术，但并不懂交通管理，更不懂如何重新配置交通资源。排除这个障碍最有效的办法，就是让工程师和交警组成奇特的组合。

三、"城市大脑"将如何演进

云栖小镇名誉镇长、阿里巴巴集团技术委员会主席王坚曾表示：我们正在谋划一个更具社会意义的计划——不久以后，我们会再次在云栖小镇发起一个开放、开源的项目，就是怎么为世界的各个城市建一个"城市操作系统"。

这个"城市操作系统"，将会使城市所有资源都可以在这个框架上被合理使用，而所有人也能将自己的资源放到系统中来，从而让"城市大脑"发挥前所未有的综合效应。

未来，"城市大脑"终将进入"融合万物"的阶段。在这场数字化大变革中，杭州的"城市大脑"建设，不断提前上演那些原本属于明天的故事。或许，杭州被科技改变的今天，正是全世界许多城市的明天。